HANS J. MAYLAND • DAS AQUARIUM: SO FUNKTIONIERT'S

Hans J. Mayland

Das Aquarium: So funktioniert's

Grundkenntnisse für jeden Aquarianer

Dähne Verlag

Alle Fotos, außer den besonders gekennzeichneten, sind vom Verfasser.

Die Deutsche Bibliothek –CIP Einheitsaufnahme

Mayland, Hans.J.:
Das Aquarium: So funktioniert's: Grundkenntnisse für jeden Aquarianer / Hans J. Mayland.
- Ettlingen: Dähne, 2001
ISBN 3-921684-98-6

Hans J. Mayland
Das Aquarium: So funktioniert's

ISBN 3-921684-98-6
© Dähne Verlag GmbH, Postfach 250, D-76256 Ettlingen

Lektorat: Ulrike Wesollek-Rottmann
Layout: Andreas Holz
Herstellung: Werner Trauthwein
Lithos: HWD M. Vogel, Karlsruhe
Druck: Graspo spol. s.r.o, Zlín/CZ

Titelfoto: Pisces Publisher, Japan

Inhalt

Vorwort

Wohin man in der Wohnung das Aquarium am besten plaziert, wie seine Technik einzusetzen und wie es einzurichten ist, wird hier erläutert. Damit allein aber ist die Aquaristik nicht beschrieben. Junge wie ältere Leser, die sich seit der frühen Jugend ein aquaristisches Interesse bewahrt haben, brauchen auch später zuweilen einen Ratgeber, der ihnen hilft, die eine oder andere aquaristische Klippe zu überwinden, denn Fische wie auch Pflanzen sind Lebewesen aus unterschiedlichen Erdteilen mit zum Teil auch unterschiedlichen Ansprüchen und schließlich ist Wasser auch nicht gleich Wasser.

Um es gleich vorweg zu nehmen, die Ichthyologie ist eine Wissenschaft – die Aquaristik mag ihr Anhängsel sein und Aquarianer mögen den Wissenschaftlern in mancherlei Hinsicht Wissen im Detail zuführen, Wissenschaftler sind sie aber deshalb nicht. Das schließt dann natürlich auch ein, dass Aquarianer und der aquaristische Handel wissenschaftliche Arbeiten akzeptieren. Die Erde lebt, und die Natur entwickelt sich weiter. Es kommt zu Umstrukturierungen, wenn Wissenschaftler neue Spezies beschreiben, neue Gattungen erschaffen und in diesem Verlauf auch Umbenennungen vornehmen müssen. Wer sich nicht an neue Namen gewöhnen kann, der ist deshalb kein schlechter Aquarianer, aber er sollte sich im Hinblick auf moderne Kommunikationsmethoden schon bemühen, sich mit Änderungen dieser Art bekannt zu machen.

Ob man der Liebhaberei Aquaristik mit einem schön eingerichteten Wohnzimmer-Aquarium Genüge tut oder ihr in einem Keller-Hobbyraum nachgeht, bleibt jedem ebenso selbst überlassen wie die Qualität und damit der Wert der jeweiligen Anlage. Bekanntlich ziehen höhere Ansprüche auch entsprechende Preise nach sich, aber die moderne Aquarientechnik ist heute auf einem Stand, der keine Wünsche unbefriedigt lässt, so dass es geraten erscheint, beim Wunsch nach einem neuen Aquarium nicht gleich unüberlegt drauflos zu kaufen, sondern zunächst einmal eine überschlägige Vorplanung vorzunehmen, um Pannen oder Denkfehler, wie sie immer einmal vorkommen können, zu vermeiden. Dabei soll dieses Buch behilflich sein.

Oberursel im Juli 2000
Hans J. Mayland

Planung und Auswahl

Wer zum ersten Mal ein Aquarium eingerichtet hat, der hatte vorher sicher eine Vorstellung über den Energieverbrauch der Anlage. Rechtzeitiges Überprüfen schützt vor unliebsamen Überraschungen bei den jährlichen Abrechnungen des E-Werkes.

Es ist relativ einfach, sich ein Aquarium einzurichten. Sicher hat man dann bereits vorher daran gedacht, welche Freude man mit solch einem Behälter aus Glas haben könnte. Hat man aber auch überlegt, welche Verantwortung man übernimmt bzw. übernehmen muss? Schließlich ist es bei der Pflege von Tieren nicht allein damit getan, sie täglich zu füttern. Neben dem finanziellen Aufwand muss der zeitliche Aufwand bedacht sein. Dazu kommen die Überlegungen nach dem Aufstellplatz (eine Altbaudecke könnte ein größeres Aquarium möglicherweise nicht tragen) oder der Höhe kommender Stromrechnungen (Lampen leuchten 12 Stunden am Tag, Pumpen arbeiten rund um die Uhr). Wo immer Ihr Aquarium seinen Platz haben soll: Prüfen Sie die Frage nach der nächsten Wasserzu- und -ableitung. Die Frage nach der Größe und Zahl der Fische ist nicht nur von ihrem Anschaffungspreis abhängig, sondern auch von ihrem Appetit. Überwiegend fleischfressende Buntbarsche kann man mit Tiefkühlfutter ernähren (Ist Platz dafür vorhanden? Wieviel von dem Futter wird man im Monat benötigen?). Was tun bei einem Wasserschaden? Soll und kann man sich dagegen versichern? Lassen Sie sich beim Einkauf nicht von Billigpreisen verführen. Prüfen Sie die Qualität, denn schlechte Ware beschert Ihnen nur Ärger.

Ein „Aquarium-Komplett"-Angebot? Ist es von Vorteil?

Was wäre näherliegend, als sich eines der „Aquarium-Komplett"-Angebote zu bedienen!? Eine solche Offerte mag für ein Aquarium im Kinderzimmer gut geeignet sein, denn sie ist nicht unbedingt im Hinblick auf lange Lebensdauer, eher auf Erzielung eines günstigen Gesamtpreises ausgerichtet. In den meisten Fällen stammen solche in einem Karton zusammengestellten „Aquaristik-Pakete" von einem namhaften Hersteller, sind aber aus den genannten Gründen im unteren Qualitätsbereich angesiedelt. Das heißt nicht, dass die Scheiben zu dünn und die Technik zu schwach oder zu anfällig sein müssen, in vielen Fällen hätte man sich, wäre alles einzeln gekauft, andere, möglicherweise zuverlässigere Geräte angeschafft.

Warum nicht gleich fürs „gute Wohnzimmer" einen Aquarienschrank kaufen?

Es mag sein, dass zunächst viele der höhere Preis davon abhält, sich eingehender mit der Anschaffung eines Aquarienschrankes zu beschäftigen. Rechnet man aber nach und addiert die Preise Stück für Stück, so wird man feststellen, dass man mit einer Schrankkombination am Ende nicht nur eine echte Komplettlösung für das Wohnzimmeraquarium gefunden hat, sondern man hat sich persönlich eine Menge Ärger erspart. Zudem enthalten viele eigene, vielleicht unausgereiften Denkprozesse Fehler, die sich später nicht mehr so einfach korrigieren lassen.

Ein Aquarienschrank hat auch den Vorteil, dass diese Liebhaberei nun allein auf das Aquarium beschränkt bleibt, weil alles Zubehör, das anderenfalls im Zimmer umherliegen könnte, nun im Schrank seinen Platz hat und der Raum drumherum immer aufgeräumt sein kann.

Es gibt nur eine Handvoll Hersteller, deren Produkte bis ins Letzte durchdacht sind, und deren Qualitätsbewusstsein sich nicht allein auf den gläsernen Schrankaufsatz beschränkt. Inwieweit der Fachhändler später noch einige Ergänzungen hinzufügt oder sie dem Aquarianer überläßt (z. B. den Einbau einer Bodenheizung), muss der Absprache zwischen beiden überlassen bleiben.

Was soll in einem Aquarienmöbel vorhanden sein? Natürlich ist das Aquarium der wichtigste Teil, doch zeigen sich die Unterschiede bereits darin, ob die Leuchtröhren im Preis für die Beleuchtungsanlage enthalten sind oder nicht. Wie groß ist die Ablagefläche im Schrank? Wie lässt sich der schwere Filtertopf zum Reinigen herausnehmen? Muss es dabei eine Wasserpanscherei geben? Ist der Unterschrank von innen beleuchtet? Es gibt Schränke, bei denen sich alle Fragen positiv beantworten lassen. Da lässt sich beispielsweise eine der Türen nicht aufklappen, sondern das komplette Fach auf Rollen nach vorn ziehen. Hier gibt es außerdem eine eingepasste Kunststoffschale, in welcher der Filtertopf seinen Platz hat. So wird die meist unbeliebte Filterreinigung erleichtert und ein paar Wassertropfen können keinen Schaden anrichten. Eine weitere Frage stellt sich, auf welche Weise die Schlauchzuführungen vom Becken zum Filter vom Hersteller eingeplant sind. Um diesen Fragen auszuweichen, haben andere Hersteller ihre Aquarien mit einem effektiven Innenfilter ausgestattet, um auf diese Weise den Einsatz von Schlauchleitungen zu umgehen.

Man sieht, jeder Hersteller hat in seinem Lieferprogramm verschiedene Ideen untergebracht. Sie können auch die Technik betreffen, die eine Ausstattung mit oben liegenden Temperatur- und pH-Wert-Daueranzeigen oder die Auflage eines Futterautomaten vorsehen. Wer keine Bodenheizung haben möchte, kann natürlich das Aquarienwasser außerhalb im Filter erwärmen lassen, was aber meistens mit einem Transport-Wärmeverlust einhergeht.

Aquarien können viele Formen haben

Seit jeher kennen wir rechteckige, quadratische, säulenartige und andere Aquarienformen. Neben den wohl ebenfalls bekannten Plexiglasaquarien, deren Kanten nicht eckig, sondern gebogen sind, gibt es heute auch Aquarien, deren Front- und Seitenscheiben nicht wie gewohnt aufrecht stehen. Sie sind schräg nach innen gestellt und vermitteln so – und das vor allem bei größeren Becken – einen faszinierenden Gesamteindruck, dessen man sich aber erst bewusst wird, wenn man ein voll eingerichtetes Aquarium (z. B. bei Ausstellungen) einige Zeit betrachtet hat. Der aquaristische Handel kann heute (fast) jedes Aquarium beschaffen, möglicherweise mit einer gewissen Lieferzeit. Eines steht jedoch fest: Auch wenn man gelegentlich eine sogenannte Fischglocke, ein nur ein bis zwei Liter Wasser fassendes Kugelaquarium, in der Handlung eines Fernsehfilmes sehen kann, so ist das ebenso tierquälend wie entsprechend kleine Miniaquarien ähnlichen Volumens, die manche Hersteller produzieren.

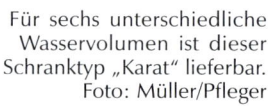

Für sechs unterschiedliche Wasservolumen ist dieser Schranktyp „Karat" lieferbar.
Foto: Müller/Pfleger

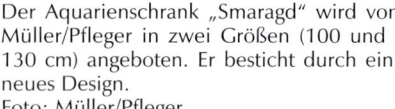

Der Aquarienschrank „Smaragd" wird von Müller/Pfleger in zwei Größen (100 und 130 cm) angeboten. Er besticht durch ein neues Design.
Foto: Müller/Pfleger

Eheim-Aquarien sind von einem eigenen und luxeriösen Stil geprägt. Beide untere Container-Schränke sind innen beleuchtet, und der in einer Wanne stehende große Außenfilter kann mit seinem Boden auf Rollen herausgezogen werden.
Foto: Eheim

Woher kommt das Untergestell?

Ein mehr oder weniger guter Handwerker wird in der Lage sein, aus Vierkantholz ein solides Untergestell selber zu bauen. Eine Überlegung soll vor dem Eigenbau aus Holz wie auch bei einem Bau aus gekauften Steckelementen (Alu-Vierkantprofil) an vorderster Stelle stehen: Das spätere Gesamtgewicht des zu tragenden Aquariums. Einige Beispiele:

L x B x H in cm	Inhalt Liter = kg	Mindestglasstärke in mm
60 x 30 x 35	63	6
100 x 40 x 50	200	8
120 x 50 x 50	300	8
150 x 60 x 60	540	10
180 x 60 x 60	650	12
200 x 60 x 60	720	12
200 x 80 x 65	1040	12

* Bei dieser Größe mit besonderer Tiefe (Breite) handelt es sich um eine Sonderausführung für den Einbau einer Inneren Rückwand vom Typ „Amazonas" (Back to Nature GmbH)

Wie sich leicht erkennen läßt, nehmen bei der hier angenommenen Steigerung der Größe Wasservolumen und Gewicht stark zu und erreichen bei dem Sondermodell mit größerer Tiefe (Breite) ein Gewicht von mehr als einer Tonne! Bei dem Wunsch nach einem solch imposanten Aquarium, der durchaus nicht unüblich ist, sollte man schon einen Statiker bemühen und sowohl die Tragfähigkeit des Untergestells als auch (zumindest in Altbauten) die der Zimmerdecke prüfen lassen. Bei Verwendung von käuflichen Gestellen aus Steckverbindungen mit Vierkant-Alu-Profilen soll man sich die Tragfähigkeit schriftlich garantieren lassen.

Zwischen dem Boden des Aquariums und dem tragenden Boden des Untergestells soll eine elastische, fugenfreie Platte aus Styropor eingelegt werden. Sie hat nicht allein die Aufgabe, mögliche Schwingungen des Fußbodens zu dämpfen, sondern sie isoliert auch den wärmeren Glasboden gegenüber dem kühleren Untergestell.

Falsche Platzierung des Aquariums vermeiden

Es ist nicht gleichgültig, wo ein Aquarium steht. Erstens mögen die Fische keinen „Durchgangsverkehr" direkt vor ihrer Behausung. Viele können scheu werden und ziehen sich mehr und mehr zurück. Zweitens soll das Licht weder von vorn kommen, noch durch die rückwärtige Scheibe scheinen (Veralgungsgefahr der Scheiben). Wird drittens im Aquarienraum stark geraucht, so soll die Luftpumpe oder der Diffusor einer Motorpumpe keine „verqualmte" Luft in das Aquarienwasser transportieren. Nötigenfalls kann man einen mit Aktivkohle gefüllten Luftfilter vorschalten.

Technik

Moderne Aquarientechnik – was ist das?

Für die Bewohner eines Aquariums kommt es weniger auf die Form des Aquariums an, als mehr auf die Größe und damit verbunden das Wasservolumen des Beckens. Die Technik, ob einfach und bescheiden oder aber hochmodern und auf dem neuesten technischen Stand, hält nicht nur den künstlichen Lebensraum „Aquarium" im gewünschten Betrieb, sondern nimmt dem Pfleger zudem eine Menge Arbeit ab, die er zum Teil gar nicht selber in dem geforderten Maß verrichten könnte.

Es gibt ältere sparsame Aquarianer, die nichts von dem „modernen Zeugs" halten, aber – Hand aufs Herz – nur wer relativ anspruchslose Fische und Pflanzen pflegt, kommt zu dem aquaristischen Erfolg wie er den meisten von uns vorschwebt. Die Frage, wieviel moderne Technik man braucht und welche man als „modern" bezeichnen kann, liegt in der Meinung des aquaristischen Betrachters. Mag man einfache Luftpumpen, gläserne Heizstäbe und Röhrenleuchten noch als „herkömmlich" oder altbekannt bezeichnen, so muss man Thermofilter, Niedervolt-Kabelheizungen, Elektronische Messgeräte, HQL- und HQI-Lampen ebenso zur modernen Technik zählen wie CO_2-Dünge- oder Osmosegeräte. Alles, was heute unter dem dehnbaren Begriff „High-Tech" in den Angeboten der Aquaristik erscheint, ist in der Regel für den anspruchsvolleren Kunden mit einem etwas größeren Geldbeutel gedacht.

Licht ist lebenswichtig

Die Sonne ist die Energiequelle unserer Erde. Ohne ihr Licht können wir alle nicht existieren. Für Fische und Pflanzen im Aquarium gelten die gleichen Kriterien, nur wird hier die Sonne durch Leuchten und Lampen ersetzt. Die Frage dabei ist, auf welche Weise wir das richtige Licht ins Aquarium bringen. Wenn man sich früher noch auf die Zahlen der Lichtfarben (und hier nach denen unterschiedlicher Lampenhersteller) achten musste, bietet der Fachhandel heute sogenannte Pflanzenstrahler an, die nach verschiedenen lichttechnischen Zusammenstellungen zu erhalten sind. Dabei kann es vorkommen, dass Pflanzen-Kultivierbetriebe zusammen mit ihren Pflegeutensilien auch Röhrenfarben aus eigener Erfahrung haben herstellen lassen. Die Lichtstärke über dem Aquarium hängt in erster Linie von den Ansprüchen der Pflanzen ab. Werden sie mit CO_2 versorgt, so muß, um eine ordentliche Assimilation zu gewährleisten, eine kräftige Beleuchtung vorhanden sein.

Mit oder ohne Abdeckscheibe?

Eine weitere Frage, die gestellt werden muss: Soll ein größeres Aquarium mit oder ohne Abdeckscheiben betrieben werden? Danach richtet sich nämlich die Art der Beleuchtung. Soll das Aquarium oben geöffnet bleiben, so hat das Licht der dann notwendigen Hängeleuchten direkten Zutritt zu den

Die Beleuchtung des Aquariums

Sie ist eine der wichtigsten Voraussetzungen für ein gutes Funktionieren des Aquariums. Ohne die „Sonne" klappt das Leben von Tier und Pflanze nicht. Die Beleuchtung ist in den meisten Fällen aber auch das preislich aufwendigste Zubehör. Sparen verboten!

Pflanzen und Fischen im Aquarium mit all den Vor- und Nachteilen einer solchen Möglichkeit. Die Vorteile: 1. Das Zimmer erhält mehr Luftfeuchtigkeit, was besonders im Winter angenehm sein kann. 2. Größer werdende Pflanzen können nun, wo die oberen Scheiben fehlen, über den Wasserspiegel hinauswachsen. Eine lockende Versuchung für Naturfreunde. Die Nachteile: 1. Springfreudigen Fischen ist die Möglichkeit zur „Flucht" gegeben, in unserem Fall in den Tod. Man könnte dem mit einer Rundum-Zarge begegnen. Zudem sind 2. der Wasserverdunstung keine Grenzen gesetzt und weil dabei immer nur das Destillat verdunstet, während die Salze im Wasser verbleiben, sollte stets mit destilliertem Wasser nachgefüllt werden, was den Besitz einer Entsalzungs- oder Osmoseanlage voraussetzt.

Abdeckleuchten mit Röhren

Röhrenlampen sind die bekanntesten Einrichtungen für die Aquarienbeleuchtung. Wie alle übrigen Aquarienlampen werden auch die mit Röhrenlampen bestückten Abdeckleuchten mit Vorschaltgeräten betrieben. Sie verwandeln den normalen Strom in Starkstrom. Beim Einkauf solcher Leuchten soll man darauf achten, dass die VDE-Vorschriften für Leuchtkörper, die auf der Beckenoberkante aufliegen und nicht fest mit dem Aquarium verbunden sind, unten wasserdicht abgeschlossen sein müssen. Das, was der VDE unter dem Begriff „wasserdicht" versteht, wurde in einer Druckschrift (VDE 0170) veröffentlicht. Darunter fallen auch die verschiedenen Schutzfassungen für Röhren. Beim Kauf soll man deshalb darauf achten, dass auf jeder Leuchte das VDE-Zeichen gut lesbar zu sehen ist – für Markenartikel eine Selbstverständlichkeit.

Ist ein Aquarium nicht abgedeckt, so lässt sich die Beleuchtung mit Hilfe von HQI-Hängeleuchten durchführen.

In den Leuchten sind die Röhrenlampen aus logischen Gründen meist parallel angeordnet, das heißt, je enger die Röhren zusammenstehen, umso mehr Licht kann den Pflanzen zugute kommen. Über einzeln stehenden Röhren kann man einen Kunststoff-Reflektor anbringen, wie ihn der aquaristische Handel anbietet. Die unterschiedliche Lichtqualität ist für die Fische weniger wichtig als für die Pflanzen. Man denke nur daran, dass Fische oft in dunklem Mischwasser leben, in dem Pflanzen nicht gedeihen könnten.

Abdeck- und Hängeleuchten mit HQL- und HQI-Lampen

Sie entwickeln viel Wärme, weshalb man sie hauptsächlich als Hängeleuchten einsetzt. Werden sie dagegen in flach aufliegenden Abdeckleuchten eingesetzt, so sind diese meist mit einer elektrisch betriebenen Entlüftung verbunden. Bei beiden Leuchtentypen, die mit diesen „Brennern" arbeiten, ist deshalb beim Kauf darauf zu achten, dass vom

Hersteller bauseits besonders auf die Abführung der Wärme (Entlüftungsschlitze oder eingebaute Propeller-Entlüfter) geachtet wird.

Was sind HQL-Leuchten? Sie sind mit Quecksilberhochdruckdampflampen ausgestattet. In ihrem Brenner wird in einem Glaskörper UV-Strahlung erzeugt. Sie regt das eingegebene Leuchtmittel zur Abgabe von Licht an. Um dieses Licht richtig ins Aquarium leuchten zu lassen ist die Qualität des Lampenreflektors sehr wichtig. Da HQL-Lampen den normalen Glühlampen („Birnen") ähnlich sehen, könnte man versucht sein, sie in deren Fassungen einzuschrauben. Ein derartiger Versuch muß jedoch unbedingt vermieden werden. Ohne das in den speziellen Leuchtengehäusen eingearbeitete Vorschaltgerät besteht Explosionsgefahr!

QHL-Leuchten werden vorwiegend als Pendelleuchten angeboten. Man erhält die Lampen („Birnen") nur in der Qualität mit der pflanzenfreundlichen Farbe „warmweiß" und „De Lux" mit höherem Rotanteil mit Leistungen von 125 und 80 Watt.

Was sind HQI-Leuchten? Auch hier sind es wieder Quecksilberhochdruckdampflampen, die diesmal mit Halogen-Metalldämpfen ausgerüstet sind, die schließlich das sichtbare Licht liefern. Es gibt sie allgemein in der Farbe „Tageslicht" (mit 5600 °Kelvin) mit Leistungen von 70, 150 und 250 Watt. Zu empfehlen sind röhrenförmige Brenner. Da die Industrie im Verlauf der Zeit ihre Produkte umstellt oder ändert, soll man sich beim Kauf stets nach dem gängigen Standard erkundigen.

Für die Aufhängung dieser Hängelampen ist unbedingt eine höhenverstellbare Vorrichtung zu empfehlen, denn nur sie erlaubt es, die Leuchte beim Hantieren im Aquarium in die Höhe zu schieben.

Schaltuhr und Beleuchtungsdauer

Unsere Aquarienpflanzen stammen aus den Tropen bzw. sie wurden unter tropenähnlichen Lichtbedingungen vermehrt. Ein Tropentag dauert 12 Stunden (von 6 bis 18 Uhr). Fische und Pflanzen haben eine „innere Uhr", was heißt, dass sie spüren, wann ihre Zeit zum Schlafengehen gekommen ist. Um dies zu erreichen braucht man für die präzise Zeiteinteilung eine elektrische Schaltuhr. Sie soll die Lampen 12 Stunden am Tag leuchten lassen. Dabei ist es gleichgültig, ob der vorher genannte Zeitraum eingehalten wird oder man die Zeit der Beleuchtung den zeitlichen Interessen des Pfleger bzw. der Familie anpasst – etwa von 11 bis 23 Uhr.

Heizung sorgt für tropisch warmes Wasser

Da die tropischen Gewässer während des ganzen Jahres über auf eine durchschnittliche Oberflächentemperatur von durchschnittlich 23 bis 27 °C erwärmt werden und an sonnenbeschienenen und wenig bewegten Stellen eine Spitzentemperatur von 32 bis 35 °C erreichen können, hat es sich eingebürgert, unsere Warmwasserfische bei einer Temperatur von 26 bis 27 °C zu pflegen. Um sie den Fischen und Pflanzen zu bieten, muss in normalen Wohnräumen, in denen eine durchschnittliche Lufttemperatur um 20 °C herrscht, die Wassertemperatur des Aquariums um die Differenz von 6 bis 7 °C angehoben werden.

Stabheizer

Zweierlei bietet der Handel zu diesem Zweck an: Den Heizer mit Glasmantel und den aus einer unzerbrechlichen Titanlegierung (Schego). Die ersten gibt es mit eingebautem Regler oder auch ohne denselben, die zweiten müssen über einen separaten Regler bzw. Thermostaten geschaltet werden. Stabheizer sind bekannterweise bei falscher Behandlung gefährlich. Lässt der Aquarianer zum Teilwasserwechsel einen Teil des Wassers ab und hat vorher den Stecker nicht gezogen, kann der Glasmantel bei Überhitzung leicht zerplatzen, es kommt zu einem Kurzschluss und alle Fische sind mausetot! Davor zumindest schützt die unzerbrechliche Hülle eines unzerbrechlichen Stabes aus Titanrohr.

Von vielen Aquarianern wird die Leistung eines Heizers für ein Aquarium überdimensioniert und zwar derart, als müsse ein Heizstab ständig die volle Leistung bringen, was viele schnelle, aber kurzen Schaltimpulse folgen lässt, die auf Dauer zu einem relativ schnellen Verschleiß des Reglers (Reglerdefekt), verbunden mit einem Festkleben des Bimetallreglers, führen. Auf diese Weise kommt es dann zu den bekannten Überhitzungsunfällen, bei denen die meisten Fische ihr Leben verlieren. Lassen Sie sich im Zweifelsfall beraten!

Die Bodenheizung

Sie arbeitet nach dem physikalischen Prinzip, dass Wärme nach oben strebt. Befinden sich also die Heizelemente im Bodengrund und wärmen bereits hier das Wasser an, so vermischt es sich auf seinem Weg in die höheren Wasserzonen mit deren Wasser. Das soll nicht heißen, dass man auf die Durchmischungskraft des Pumpenausstoßes verzichten kann. Während bei der Verwendung eines Heizstabes der Bodengrund nur selten durchwärmt wird und

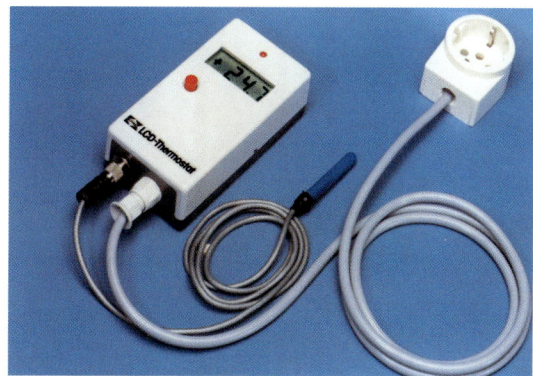

Ein besonders für die Titan-Heizstäbe vorgesehener Thermostat mit Fühler. Fotos: Schego Offenbach

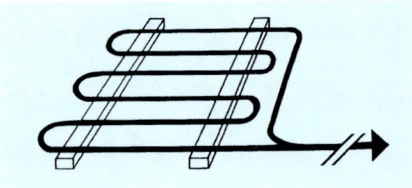

Verlauf eines
Bodenheizkabels

die Pflanzen somit „kalte Füße" haben, schafft das Heizkabel auch ihnen in dieser Beziehung Besserung.

Das Heizkabel wird entweder mit Hilfe von Saugern in
gleichmäßig verlaufenden Schlingen auf die gläserne Aqua-
rien-Grundplatte geheftet, doch kann man es auch (haltba-
rer) direkt mit Silikonkautschuk festkleben. Der Mantel des
Kabels besteht bei guten Qualitäten aus widerstandsfähigem
Silikonkautschuk, der nicht leicht zu durchbeißen ist und somit besonders knab-
berfreudigen Bodenbewohnern entgegenwirkt.

Aus Gründen wie den Erwähnten werden solche Heizungen mit
„Sicherheitsstrom" im Niedervoltbereich zwischen 24 und 42 Volt betrieben. Die reduzierte Voltzahl erreicht man durch den Einsatz eines
Niedervolttransformators. Um allen Wünschen (bezogen auf die jeweilige
Aquariengröße) gerecht zu sein, sind die Kabel in (meist) sechs unterschiedlichen Längen und somit entsprechender Wattleistung erhältlich 25 W/3 m,
50 W/5 m, 50 W/20 m, 100 W/7 m, 200 W/13 m und 300 W/21 m.

Weitere Methoden, das Aquarienwasser zu erwärmen gibt es in Form
von Filtern mit eingebauter Heizung, doch haben solche Kombigeräte
(„Two in one") den Nachteil, dass das eine nicht arbeiten kann, wenn
das andere aus Gründen eines Defekts repariert werden muß.

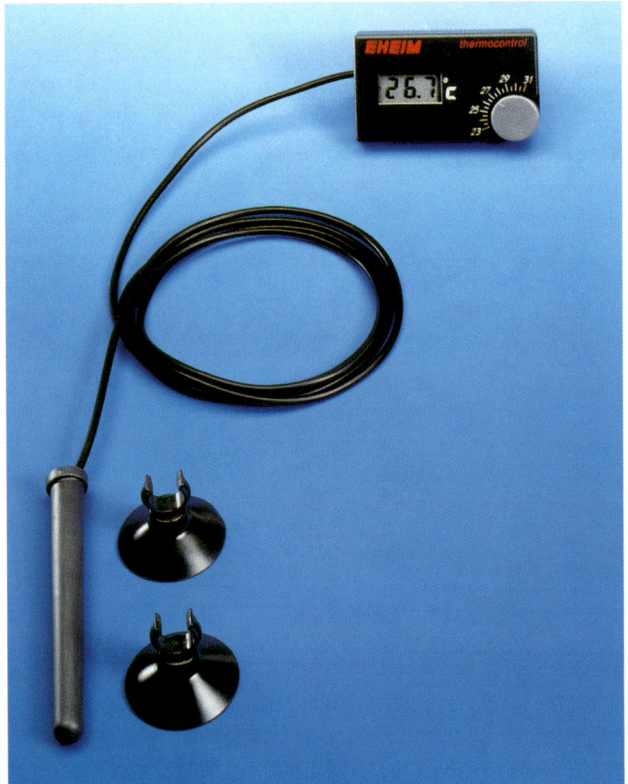

Elektronische Regler

Diese Regler sollte man heute jedem
anderen Regelelement vorziehen. Sie
arbeiten erstens mit einer Genauigkeit
von etwa 0,1 °C und sind zudem aus
Mangel an Überhitzung vor deren Fol-
geschäden sicher. Solche Regler haben
zwar einen höheren Preis, schaffen aber
keine zusätzlichen Probleme und lassen, wenn sie mit einer digitalen An-
zeige ausgerüstet sind, stets die wirkli-
che, die Ist-Temperatur, erkennen.

Wärmefühler
aus der Eheim-
Kollektion.
Foto: Eheim

Für sauberes Wasser muss ein Filter her

Das Angebot an Filtern ist groß, und es fällt daher nicht leicht, sich für den Richtigen, den individuell Passenden, zu entscheiden. Es gibt nicht nur Innen- und Außenfilter, das wäre in unserer technisierten Welt nicht genug! Zu den Genannten kommen noch die bereits erwähnten Thermofilter, dann Intervallfilter und schließlich die biologisch arbeitenden Durchlaufbio- und Biorieselfilter. Die normalen Filter sind dazu eingerichtet, vornehmlich groben Schmutz aus dem Beckenwasser zu entfernen. Je nach Art der eingegebenen Filtermaterialien (siehe dort) können sich im Filtertopf mehr oder weniger Bakterien ansiedeln und dazu beitragen, Schadstoffe um- oder abzubauen. Eine regelmäßige Filterreinigung ist aber in jedem Fall zu empfehlen, denn das Filtermedium befindet sich im Kreislauf und mit ihm der sich zersetzende Dreck.

Innenfilter

Sie können erstens mit luftbetriebenen Wasserhebern arbeiten oder mit einem eingebauten Motor. Für kleinere Aquarien bis etwa 100 cm Frontlänge reichen die mit Luft betriebenen Innenfilter normalerweise aus. Sie werden aber trotzdem von den meisten Aquarianern (im Gegensatz zu Züchtern!) nicht sehr geschätzt, weil ihre Reinigung Mulm aufwirbelt und diese Filter (wenn z.B. Schwammfilter ein größeres Volumen haben) dem Schönheitsanspruch des Pflegers nicht genügen. Motorbetriebene Innenfilter gibt es von jedem Hersteller, doch ist auch bei ihnen die Reinigung oft ein Problem, wenn sich die Haube nicht leicht öffnen lässt und man das Gerät mit den Saugern aus dem Aquarium fummeln muss. Fast alle sind mit Watte oder mit Schwämmen als Filtermedium ausgestattet.

Außenfilter

Wir kennen sie in allen Baureihen und Größen, zu denen auch (wichtig!) stets der Kauf von Ersatzteilen möglich sein muss. Für kleinere Aquarien reichen solche aus, die man seitlich anhängen kann. Ebenso für Kleinere wie für Mittlere und Größere gibt es die bekannten runden Filtertöpfe, und mit dem Begriff „professionell" wurde eine neue eckige Generation mit einer Reihe von Innovationen vorgestellt. Sie sind für Aquarien von 150 bis 600 Litern Volumen ausgelegt und als Thermo-, Intervall- wie auch Thermo-Intervallfilter erhältlich. Bei Thermofiltern (Heizleistung 150 bis 210 Watt) erfolgt somit die Wassererwärmung direkt beim Durchfluss. Der Intervallfilter bietet nach Angaben des Herstellers „die perfekte Technik des ‚atmenden' Wechselkontaktes auf die Filtermasse. Der Bakterienrasen wird rhythmisch durchspült und belüftet, so dass ideale Voraussetzungen für einen beschleunigten Abbau nahezu aller gelösten Schadstoffe gegeben ist". Intervallfilter, die technisch auf dem höchstmöglichen Stand sind, haben ein Filtervolumen von 4,9 bzw. 7,3 Litern und eine maximale Pumpenleistung von 1050 l/Std. Neu auf dem Markt ist der Filter „ecco" für Aquarien von 100 oder 200 Litern Inhalt an. Bei einer Leistungsaufnahme von nur 5 Watt (!) leisten die

Wenn die Filterpumpe nicht mehr wie gewohnt arbeitet

Gleichgültig, womit ein Filtertopf gefüllt ist: Ist er verstopft, das heißt, ist der Filterwiderstand zu groß, kann das Wasser nicht mehr hindurch fließen und folglich die Pumpe nicht mehr wie gewohnt arbeiten. Man muss die Filtermasse reinigen – aber vorsichtig! Um die darin „arbeitenden" Bakterien nicht auszurotten, soll dies bei Betriebstemperatur geschehen.

Eine Entwicklung mit einer Vielzahl verschiedener gut durchdachter Neuheiten, wie einer mechanischen, biologischen wie auch adsorptiver Wirkung und integriertem Ansaugsystem. Auch für die Sicherheit gibt es einige Innovationen.

Moderne Schlauchadapter (hier einer zum eckigen Pumpenkopf von Eheim passend) sind mit integrierten Absperrhähnen, einer Schlauchsicherung und einem Verriegelungsbügel ausgestattet.

Der Außenfilter vom Typ „Aquaboss" ist speziell für kleinere Aquarien erdacht. Er hängt an einer Außenwand des Aquariums.

Großfilter modernster Baureihen sind mit und ohne Heizung (nebst Wärmefühler) lieferbar. In einer weiterführenden Reihe sind diese Geräte als Intervallfilter ausgelegt.

Rundkopf-Außenfilter werden ebenfalls mit und ohne integrierter Heizung angeboten.

Motorbetriebene Innenfilter sollen in ihrer Leistung dem Aquarium angepasst sein.

Alle Fotos: Eheim

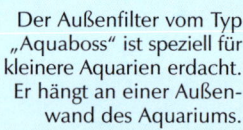

Pumpen bei einer Förderhöhe von 1,0 m Ws eine Pumpenleistung von 300 bzw. 480 L/Std. Ein integriertes Ansaugsystem ermöglicht einen einfachen Filterstart. Zum Reinigen wird der Pumpenkopf einfach und schnell durch Bedienung des gebogenen Tragegriffs entsperrt und ausgehebelt. Der Filterkorb kann mit einer dreifachen Beschichtung ausgerüstet werden.

Biologische Durchlauf- und Rieselfilter

Der Name weist darauf hin, dass bevorzugt in ihrem relativ langsamen Kreislauf die Biologie eine besondere Rolle spielt. Millionen kleinster Lebewesen, aerobe (= stark sauerstoffbedürftige) Bakterien, besiedeln die mit einer riesigen Oberfläche ausgestatteten Füllstoffe (Sinterglasröhrchen, Plastikfüllkörper, Keramik- und Lavagranulate usw.), ernähren sich von den im Wasser gelösten organischen Stoffen und bauen sie um oder entfernen sie. Jeder Filter wird

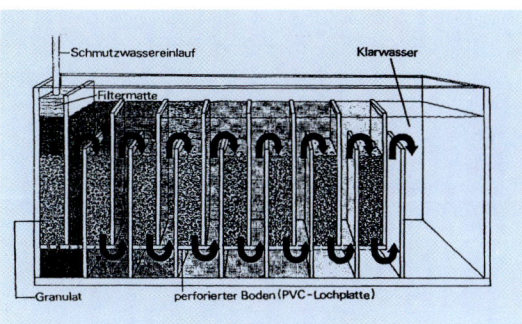

Biologischer Durchlauffilter

früher oder später biologisch arbeiten, also von nitrifizierenden Bakterien besiedelt werden. Das Besondere an diesen Durchlauf- oder Rieselfiltern gegenüber herkömmlichen, mit Lufthebern oder Motorpumpen betriebenen Innen- oder Außenfiltern ist die Arbeitsweise, bei der eine lange, im Gegenstrom belüftete Durchflussstrecke vom Wasser langsam durchströmt wird, wobei den Bakterien ein besonderer, unter ständiger Luftzufuhr und auf ihre spezielle Funktion ausgerichteter „Arbeitsplatz" geboten wird.

Aktivkohlefilter

Sie werden dann eingesetzt, wenn man ein Wasser (aus der Leitung, einem Freigewässer oder aus der Regentonne) verbessern will. Ähnliches gilt, wenn man ein bräunlich gefärbtes oder mit Medikamentenrückständen belastetes Aquarienwasser wieder „rein" haben will. Mit Aktivkohle kann man aber nicht allein Wasser filtern, sondern auch Luft. In diesem Fall kann man sich einen Luftfilter bauen, in dem die (z. B. aus einem Raucherzimmer) angesaugte Pumpenluft vorher entgiftet wird. Auch bei diesem Filtermaterial soll man (wie beim folgenden Torf) auf die Qualität achten. Aktivkohle gibt es in unterschiedlichen Ausführungen – auch für die Industrie. Die dort verwendete Kohle ist in vielen Fällen nicht geeignet. Fragen Sie Ihren Fachhändler.

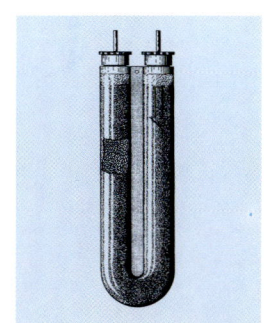

Luftfilter mit Aktivkohle

Torf-Filter

Füllen wir den Filtertopf oder darin den letzten, vom Wasser durchlaufenen Abschnitt mit Torf, so geschieht das, um das Aquarienwasser anzusäuern, seinen pH-Wert zu senken. Die Qualität des Torfes ist für gutes Gelingen ausschlaggebend. Zunächst einmal soll gesagt werden, dass man dafür keinen Gartentorf verwenden darf. Er ist meistens mit Zusätzen wie Düngestoffen usw. angereichert, die im Aquarienwasser eine Menge Un-

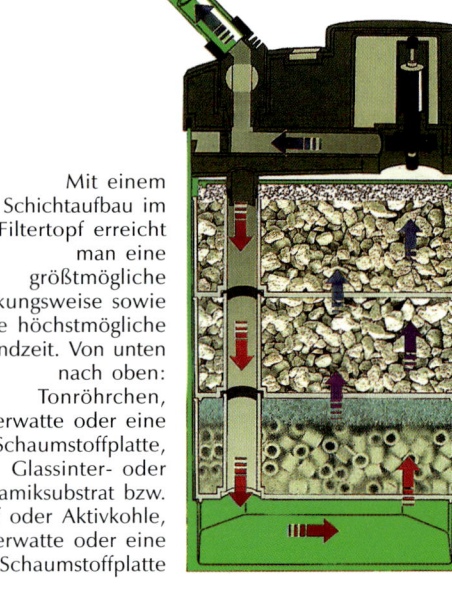

Mit einem Schichtaufbau im Filtertopf erreicht man eine größtmögliche Wirkungsweise sowie eine höchstmögliche Standzeit. Von unten nach oben: Tonröhrchen, Filterwatte oder eine Schaumstoffplatte, Glassinter- oder Keramiksubstrat bzw. Torf oder Aktivkohle, Filterwatte oder eine Schaumstoffplatte

heil anrichten können. Der aquaristische Handel bietet spezielle Aquarientorfe in unterschiedlichen Stärken an. Fragen Sie Ihren Händler.

Filtermaterialien

Im Handel sind grobe und feine Filterwatte, Filterschaum und Filterschwämme unterschiedlicher Härtegrade in Platten oder in Scheiben gestanzt oder zum Aufsetzen auf Rohre vorbereitet. Kunststoffkörper („Biobälle") werden in Biofiltern eingesetzt und dienen hier den Bakterienstämmen als Substrat. Für den gleichen Zweck bietet der Handel Sinterglas- oder Keramikröhrchen wie auch Lavalit an. Die Zusammenstellung der in einem Filter verwendeten Materialien bleibt jedem Aquarianer überlassen. Man kann die Meinung von Fachleuten einholen (Händler, Vereinsfreunde, Artikel in Fachzeitschriften).

UV-Wasserklärer

Sie dienen der Entkeimung bzw. Reduzierung der Keimzahl des Aquarienwassers durch Bestrahlung. Man setzt sie hauptsächlich bei der Pflege und Zucht empfindlicher Arten wie bei allgemein eintrübendem Aquarienwasser oder bei einer Wasserblüte einstellen kann. Bei der Wasserblüte handelt es sich um Trübung des Wassers meist grünlicher Färbung, wie sie sich z. B. durch Einsatz von falschem, düngerhaltigem Torf oder einer Massenentwicklung einzelliger, frei beweglicher Algen.

Ein UV-Wasserklärer ist mit einem Zu- und Ablaufstutzen ausgestattet. Das vorgereinigte Aquarienwasser (wie es z. B. von einem Außenfilter kommt) wird durch Schlauchverbindung in einer (meist gläsernen) doppelwandigen Kammer an den Strahlen der UV-Röhre vorbeigeleitet und dabei entkeimt. Da die Strahlen den Augen von Mensch und Tier schaden, muß die äußere Hülle solcher Klärer den Austritt der Strahlen verhindern.

CO$_2$-Düngung

Der Druckminderer unterstützt das Nadelventil, indem er den Druck der CO$_2$-Depotflasche von rund 60 Bar auf einen Wert um 1 Bar herabmindert und die Arbeit des anderenfalls schwer zu regulierenden Nadelventils sicherer macht, so dass der für eine genaue Regulierung wichtige Blasenzähler leichter einzustellen ist. Ebenfalls lassen sich kleine Korrekturen, wie sie von Zeit zu Zeit immer notwendig sind, einfacher einstellen.

CO$_2$-Anlagen

CO$_2$ = Kohlendioxid spielt im Stoffwechsel, bei der Assimilation der Aquarienpflanzen eine wichtige Rolle. Bei diesem Prozess wird das im Wasser gelöste Kohlendioxid, die Kohlensäure, unter Energieverbrauch reduziert. Alle chlorophyllhaltigen Organismen (wie unsere Aquarienpflanzen) nutzen das Licht als Energiequelle. Diesen Vorgang bezeichnet man als Fotosynthese.

Kohlensäure ist wasserchemisch die wichtigste Säure im Aquarium. Sie wird in flüssiger Form in Druckflaschen gespeichert. Über die an der Armatur angefügten Druckreduziereinrichtung wird ein geringer regulierter Strom ins Aquarium geleitet und hier mit Hilfe von Diffusionseinrichtungen (unterschiedliche Konstruktionen von unterschiedlichen Herstellern) mit dem Was-

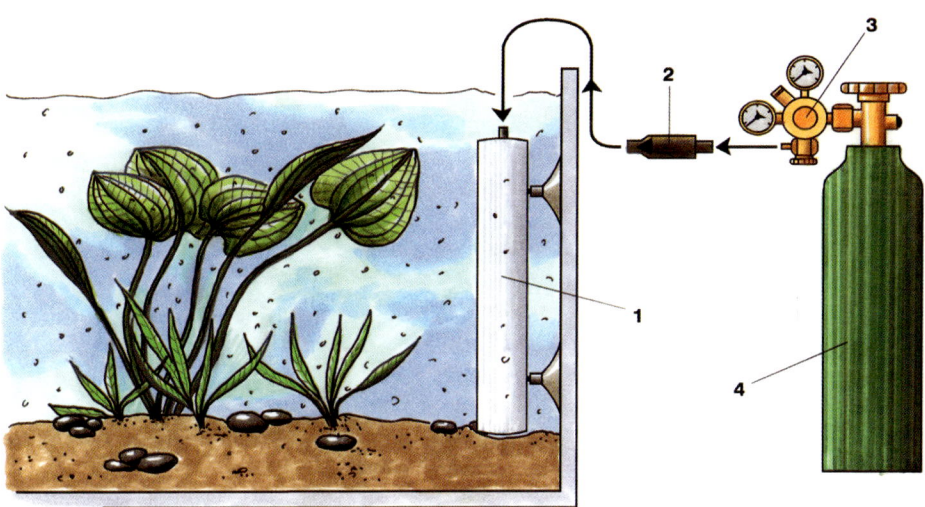

Eine Pflanzenversorgung mit CO_2 erfolgt in der Regel über den dafür vorgesehenen Reaktor (1). Das in einer Druckflasche (4) gespeicherte CO_2 wird über Manometer und Druckminderer (3) zum Reaktor geleitet, wobei eine Rücklaufsperre (2) dafür sorgt, dass die richtige Fließrichtung eingehalten wird.

ser in Kontakt gebracht. In solchen „Reaktoren" diffundiert das CO_2 fast vollständig. Kohlendioxid und Wasser reagieren zu Kohlensäure ($CO_2 + H_2O$ > H_2CO_3). Nun erscheint ein weiterer Wert im Spiel: Karbonathärte. Darunter versteht man alle im Wasser gelösten Salze (Hydrogenkarbonate) der Härtebildner Kalzium und Magnesium. Karbonathärte im Wasser bindet (puffert) die durch CO_2-Düngung entstehende Kohlensäure und hält damit den pH-Wert stabil. Je höher diese Härte ist, um so mehr Kohlensäure ist erforderlich ohne dass sich der pH-Wert ändert. In der Folge heißt das aber

Wurde die CO_2-Gabe unterbrochen und schließlich wieder in Gang gesetzt, so lassen darauf die Pflanzen die verstärkt einsetzende Assimilation durch verstärkte Sauerstoffgabe unübersehbar erkennen.

auch wieder, dass mit der Härte des Aquarienwassers auch umso mehr CO_2 verfügbar gehalten werden muss. Es gibt Pflanzen, die auch in Hydrogenkarbonaten gebundenes CO_2 aufnehmen können. Dabei bleibt unlösliches Karbonat übrig und zeigt sich als weißer Belag auf den Blättern der Pflanzen. Im Aquarium genügt relativ wenig Kohlensäure, um Kalkausfällungen dieser Art zu verhindern. Trotzdem: Die Pflanzen nehmen den Kohlenstoff in dem ihrer Art und Größe entsprechendem Bedarf auf und können ihn dem Wasser auch entziehen. Dadurch werden die genannten Kalkausfällungen hervorgerufen – ein Prozess, den man im Aquarium unbedingt vermeiden soll.

Die Methoden der CO_2-Düngung werden von den Herstellern solcher Geräte in jeweils leicht abgeänderter Weise vorgestellt, entsprechen sich aber im Grunde. Benötigt werden eine Druck-Depotflasche (es gibt sie in unterschiedlichen Größen) mit einem kombinierten Gerät, das entweder aus einem Manometer mit einem Nadelventil und mit einem effektiven und sicheren Druckminderer ausgestattet ist. Der letzte ist wesentlich präziser einzustellen. Gebraucht wird ferner ein Blasenzähler, an dem sich die Zahl der zugeführten Blasen ablesen lässt sowie ein Sicherheits-Rückschlagventil. Zur Diffusion des CO_2 ins Aquarienwasser werden unterschiedliche Reaktoren, Spiralen oder Diffusoren angeboten, deren Wirkungsgrad sich u. a. auch nach der Höhe des Aquariums richtet.

Brauchbares Zubehör

Es gibt viele kleine Dinge, die ein Aquarianer immer wieder bei Hantierungen in seinem Becken benötigt. Hat er sie nicht zur Hand, kann er bestimmte Arbeiten nicht ausführen. Zu den wichtigsten Dingen gehören:

Ein langer Schlauch, der möglichst bis zum nächsten Abfluss führen sollte. Dazu Putzlappen und Eimer, um allem Ärger rechtzeitig Einhalt zu gebieten.

Eine Mulmglocke aus Glas oder Kunststoff kann vor den Schlauch gesetzt werden. Sie saugt mit abfließendem Wasser dem Bodenmulm vom Grund weg, ohne Sand oder Kies mit hochzunehmen.

Scheibenreiniger können mit Klinge, Filz oder Schwamm arbeiten. Wichtig ist, keinen Sand vom Boden hoch und an der Frontscheibe entlang zu ziehen und diese zu verkratzen.

Fangnetze (Kescher) sollte man in verschiedenen Größen haben, die denen der Fische in etwa angepasst sind.

Ausströmersteine sind heute weniger im Gebrauch als früher, weil die meisten Filterpumpen mit einem Diffusor ausgestattet sind, der dem einströmenden Wasser angerissene Luft zuführt.

Ersatzteile für eine Filterpumpenreparatur sind dann besonders gefragt, wenn der Motor oder ein Zubehör „seinen Geist aufgibt" – denn sowas geschieht meistens zum falschen Zeitpunkt.

(Luft-)Schlauch- und Druckregulierklemmen rosten im Gewinde irgendwann fest. Da schadet es nicht, wenn neuwertiger Ersatz vorhanden ist. Das gilt ebenso für Kreuz-, T- und Y-Verbinder sowie kleine Kunststoff-Absperrhähne, die oft schnell zerbrechen und dann nicht mehr zu reparieren sind.

Thermometer gibt es in vielerlei Ausführungen, und selbst, wenn man über einen Thermofilter oder einen separaten Thermostat verfügt: Brauchen kann man so ein Ding immer einmal und sei es auf einer kleinen oder großen Fischfangreise.

WASSER

Das Lebenselement der Fische ist nicht immer gleich

Jeder Aquarianer sollte wissen (und weiß es auch!), dass natürliches tropisches Wasser nicht allein von sehr unterschiedlicher Färbung sein kann, sondern auch in seine jeweils charakteristischen Werte sich teilweise stark voneinander unterscheiden können.

Wenn tropische Fische in zum Teil extrem weichen und kräftig sauren Gewässern leben, so heißt das nicht, dass sie in härterem und weniger saurem Wasser nicht nur überleben, sondern darin selbst sehr zufriedenstellend leben. Das beste Beispiel dafür sind die Millionen Roter Neonfische, die Jahr für Jahr aus Brasilien und Kolumbien eingeführt werden. Aber allein die Tatsache, dass sie sich nur mit hohem, kommerziell kaum lohnenden Aufwand in Aquarien vermehren lassen, spricht für sich. Bei anderen, früher als „Problemfische" bekannten Arten, haben findige Züchter in aller Welt im Verbund mit Osmosewasser und anderen Hilfen diese züchterischen Hindernisse überwinden können. Trotzdem gibt es noch genügend kleine Salmler und Fische aus anderen Familien, deren Pflege allein als schwer bis kritisch beurteilt werden muss.

Wenn sich das Wasser in vielen kleinen und größeren Rinnen, kräftig strömend und in Wasserfällen, von den Anden herunterstürzt und sich, wie hier in Ecuador, schließlich zu einem großen Fluss vereinigt, nimmt es bei seinem Lauf viel Sauerstoff auf.

Messen und kontrollieren

Züchter wissen es seit langem: Unser heutiges Leitungswasser kann nicht immer von absolut gleichbleibender Qualität sein. Das liegt an den Verbundnetzen. Es ist daher angeraten, in Fragen der Wasserqualitäten das Wasserwerk anzurufen. Man gibt Ihnen bereitwillig Auskunft.

Wo und wie unsere Zierfische leben

Amazoniens Tiefland ist bekannterweise von drei Wassertypen charakterisiert: Weiß-, Schwarz- und Klarwasser. Trotz aller feiner Unterschiede kann man von diesen Wässern eines sagen: Sie sind im Durchschnitt sehr weich und leicht sauer. Lediglich in den Regionen, die sich entlang der Anden hinziehen, liegen die Werte etwas höher.

In Mittelamerika sieht die Sache dagegen schon anders aus. Auch dort gibt es weiche und leicht saure Gewässer. Da aber die Gebirge wie auch einige flache Zonen (z. B. die Kalkplatte der Halbinsel Yucatán) viel Kalk enthalten, lassen sich Flüsse und Bäche, die über diese Böden führen, nur nach eingehender Prüfung charakterisieren. Harte und mit viel Kalk angereicherte Gewässer zeichnen sich durch tief- bis türkisgrüne Farbe und große Klarheit aus.

Westafrika mit seinem zentralen Kongo-Tieflandbecken, in erdgeschichtlicher Zeit einmal mit Südamerika verbunden, zeigt in seinen Wasserwerten meist Übereinstimmungen mit der Typografie des Amazonasbeckens.

In Ostafrika mit seinem Grabensystem und seinen verschiedenen Vulkanregionen haben Flüsse und Seen ihre jeweils eigene Prägung. So steigert sich das Wasser der großen Seen in seinen Werten von Süden nach Norden in Härte und pH-Wert.

Beispiele:
  Malawisee ± 4,4 °dGH; ± 6,5 °dKH; ± 240 µS/cm; ± 8,4 pH
  Tanganjikasee ± 10,0 °dGH; ± 16,0 °dKH; ± 780 µS/cm; ± 8,9 pH.

Die Tiefländer Sri Lankas und Südostasiens lassen sich natürlich nicht pauschal bewerten, aber auch das Wasser, in dem bekannte Zierfischarten ebenso leben wie empfindlichere Cryptocorynen gedeihen, zeigen, dass sich auch hier die Tendenz zu geringen µS-, dGH- und schließlich auch pH-Werten im sauren bis kräftig sauren Bereich fortsetzt. Demgegenüber soll aber auch nicht verschwiegen werden, dass in Kalksteingebieten (wie etwa im Süden Thailands) die Härte- und pH-Werte (bis 8,0) ansteigen.

Die Gewässer im Osten und Norden Australiens, aus denen wir wunderschöne Regenbogenfische kennen, führen in der Regel ein nicht so hartes, zuweilen auch ein sehr weiches Wasser mit einem an einigen Stellen extrem niedrigen pH-Wert.

Neuguinea, die zweitgrößte Insel unserer Erde, zeigt dagegen, dass kalkhaltige Böden mit härterem Wasser, höheren µS- und pH-Werten eine Schönheit ihrer Bewohner keinesfalls ausschließen.

Ein Blockfilter filtriert das aus der Leitung kommende Wasser über eine „gebackene Aktivkohlekerze", die neben Schadstoffen alle Partikel bis 0,3 µm entfernt. Besonders geeignet bei Neueinrichtungen oder Teilwasserwechsel.

Unser Leitungswasser

Es gehört zu den besten und keimärmsten in Europa. Trotzdem lässt es sich mit wenig Aufwand noch verbessern. Man denke nur an den Einsatz eines sogenannten Blockfilters, der erheblich dazu beiträgt, bei einfachem Leitungsdruck das Wasser durch einen aus feinstem Aktivkohlestaub gebackenen Blockfilter und fester Gitterstruktur selbst dem Leitungswasser noch störende Zusätze wie Kalkpartikel, Chlor, Keime, organische Schad-

Umrechnungsfaktoren für Härtegrade und -einheiten						
	mval/kg	deutsche ° dH	französische ° fH	englische ° eH	amerikan. ° aH	mmol/l
Härte-einheiten	28 mg CaO oder 50 mg $CaCO_3$ pro 1 000 ml Wasser	10 mg CaO pro 1 000 ml Wasser	10 mg $CaCO_3$ pro 1 000 ml Wasser	1 grain*$CaCO_3$ per gallon** 14,3 mg $CaCO_3$ pro 1 000 ml Wasser	1 part $CaCO_3$ per million*** 1 mg $CaCO_3$ pro 1 000 ml Wasser	100 mg $CaCO_3$ pro 1 000 ml Wasser
1 mval/kg	1,0	2,8	5,0	3,5	50,0	0,50
1 ° dH	0,357	1,0	1,78	1,25	17,8	0,18
1 ° fH	0,2	0,56	1,0	0,7	10,0	0,10
1 ° eH	0,286	0,8	1,43	1,0	14,3	0,14
1 ppm	0,02	0,056	0,1	0,07	1,0	0,01
1 mmol/l	2,00	5,60	10,0	7,02	100	1,0

Erläuterungen: CaO = Kalziumoxid, $CaCO_3$ = Kalziumkarbonat
* 1 grain = 1/7000 lb. = 0,0648 g
** 1 Imp. gallon = 4,544 l
*** 1 ppm = parts per million = 1 mg/kg (10^{-6})

und Farbstoffe ebenso zu entziehen wie Pestizide, Fungizide und Herbizide. Ich habe solch einen Filter zum Beispiel problemlos wie erfolgreich zusammen mit einem Freund bei der Diskuszucht eingesetzt.

Ist das heimische Leitungswasser hart bis sehr hart und man will empfindliche Weichwasserfische erfolgreich vermehren, so hilft nur die Osmose, auf die ich noch zu sprechen komme. Leider ist es ja oft so, dass es gerade die schwierigen Dinge sind, die einen herausfordern, aber wie schon einmal gesagt: Je höher der Anspruch, um so höher muss dann logischerweise auch der Einsatz sein. Meist ist es leider derjenige der Kasse!

Die Härtetypen und -grade

Man unterscheidet in der Aquaristik noch althergebrachte Parameter wie „Grade Deutscher Härte" (°dH), die in die Gesamthärte, die Karbonathärte und die Nichtkarbonathärte unterteilt sind. Nach der Regel sollen Karbonat- und Nichtkarbonathärte die Gesamthärte ergeben. Warum das zuweilen nicht der Fall ist, erfahren Sie aus dem folgenden Kästchen. Normalerweise leben die meisten tropischen Zierfische in weichem, leicht sauren Wasser. Bekannte Ausnahmen bilden Lebensräume in den mittelamerikanischen Regionen mit Kalkböden und -gebirgen, die großen zentralafrikanischen Seen sowie weite Gebiete auf der großen Insel Neuguinea. Da unser Leitungswasser im Durchschnitt mittelhart ist, stellt sich die Frage, wie man die Härte eines Wassers erhöht, kaum einmal. Der aquaristische Handel bietet zu diesem Zweck Mineralkombinationen an. Aus hartem weiches Wasser zu machen, ist dagegen weniger einfach und somit auch kostenintensiver. Wer sich kein Quell- oder Regenwasser beschaffen kann, der muß auf Ionenaustauscher oder auf Osmose zurückgreifen. Derart entsalztes, beinahe destilliertes Wasser muß jedoch wieder mit Hilfe von härterem Wasser oder auch wieder mit Mineralkombinationen verschnitten werden, um für die Fische „lebensfreundlich" zu sein.

Mexiko Laguna Media Luna

(westlich der Stadt Rio Verde im Bundesstaat San Luis Potosi)

Datum: 14.3.1990
Uhrzeit: 11.15 Uhr
Wasserbewegung:
optisch nicht feststellbar
Wassertiefe:
Gewässer mit sehr tiefen Löchern, aber auch vielen flachen Zonen
Wasserfärbung:
sehr klar, UW-Sicht etwa 20 Meter

Laboruntersuchung

pH-Wert	7,52
Elektrische Leit-fähigkeit (25 °C), µS/cm	1735
Säurekapazität bis pH 8,2 (p-Wert), mmol/l	<0,05
Säurekapazität bis pH 4,3 (m-Wert), mmol/l	4,80
als Karbonathärte, °d	13,5
Summe Erdalkalien (Ca+Mg), mmol/l	11,8
als Gesamthärte °d	66,1
Natrium (Na), mg/l	16
Kalium (K), mg/l	3,7
Calcium (Ca^{2+}), mg/l	363
Magnesium (Mg^{2+}), mg/l	65
Gesamt-Eisen ($Fe^{2+/3+}$), mg/l	<0,005
Mangan (Mn^{2+}), mg/l	<0,005
Aluminium (Al), mg/l	<0,005
Ammonium (NH_4^+), mg/l	0,03
Nitrit (NO_2^-), mg/l	<0,05
Nitrat (NO_3^-), mg/l	<1
Chlorid (Cl^-), mg/l	6
Sulfat (SO_4^{2-}), mg/l	892
Gesamt-Phosphat (PO_4^{3-}), mg/l	<0,04
Hydrogencarbonat (HCO_3^-), mg/l	293
Carbonat /CO_3), mg/l	<3
Oxidierbarkeit a) als Kaliumpermanganatverbrauch, $KMnO_4$, mg/l	1
b) als Sauerstoff (O_2), mg/l	0,3

Burundi

(Abschnitt der Tanganjikaseeküste von Burundi. Die Entnahme der Probe erfolgte etwa 30 Meter vom Seeufer entfernt.)

Datum: 24.5.1993
Uhrzeit: Gegen 10.00 Uhr
Wasserbewegung:
nicht besonders kräftig
Wassertiefe: über Felsgrund
Wasserfärbung: klar

Laboruntersuchung

pH-Wert	8,85
Elektrische Leitfähigkeit (25 °C), µS/cm	778
Säurekapazität bis pH 8,2 (p-Wert), mmol/l	0,15
Säurekapazität bis pH 4,3 (m-Wert), mmol/l	5,81
als Karbonathärte, °d	16,3
Summe Erdalkalien (Ca+Mg), mmol/l	1,80
als Gesamthärte °d	10,1
Natrium (Na), mg/l	53
Kalium (K), mg/l	27
Calcium (Ca^{2+}), mg/l	7,8
Magnesium (Mg^{2+}), mg/l	39
Gesamt-Eisen ($Fe^{2+/3+}$), mg/l	<0,002
Mangan (Mn^{2+}), mg/l	<0,005
Ammonium (NH_4^+), mg/l	0,08
Nitrit (NO_2^-), mg/l	<0,02
Nitrat (NO_3^-), mg/l	<0,3
Chlorid (Cl^-), mg/l	26
Sulfat (SO_4^{2-}), mg/l	4
Gesamt-Phosphat (PO_4^{3-}), mg/l	<0,06
Hydrogencarbonat (HCO_3^-), mg/l	354
Carbonat /CO_3), mg/l	<3
Oxidierbarkeit a) als Kaliumpermanganatverbrauch, $KMnO_4$, mg/l	3,8
b) als Sauerstoff (O_2), mg/l	1,0

Oberer Rio Negro

(hinter den Stromschnellen an einer Sandbank vor der Stadt São Gabriel da Cachoeira, früher Uaupés)

Datum: 17.10.1986
Uhrzeit: 6.45 Uhr
Wasserbewegung: kräftig fließend
Wassertiefe: 150 cm – abfallend
Wasserfärbung: dunkelste aller Wasserproben: kräftig teebraun

Feldmessung

pH-Wert	$6,2_{20}$
Sauerstoff (O_2)	7,24
Wassertemperatur	27,1 °C
Lufttemperatur	26,0 °C

Laboruntersuchung

pH-Wert	4,42
Elektrische Leitfähigkeit (25 °C), µ/cm	15
Säurekapazität bis pH 8,2 (p-Wert), mmol/l	<0,05
Säurekapazität bis pH 8,2 (m-Wert), mmol/l	0,02
als Karbonathärte, °d	0,1
Summe Erdalkalien (Ca+Mg), mmol/l	0,006
als Gesamthärte °d	0,003
Calcium (Ca^{2+}), mg/l	0,11
Magnesium (Mg^{2+}), mg/l	0,056
Gesamt-Eisen ($Fe^{2+/3+}$), mg/l	0,16
Mangan (Mn^{2+}), mg/l	<0,02
Ammonium (NH_4^+), mg/l	0,08
Nitrit (NO_2^-), mg/l	<0,02
Nitrat (NO_3^-), mg/l	<1
Chlorid (Cl^-), mg/l	<3
Sulfat (SO_4^{2-}), mg/l	7
Gesamt-Phosphat (PO_4^{3-}), mg/l	0,06
Hydrogencarbonat (HCO_3^-), mg/l	1
Oxidierbarkeit (Kaliumpermanganatverbrauch), mg/l	32,1

← ← zunehmend sauer ←					neutral		→	zunehmend alkalisch (basisch) →				
1	2	3	4	5	6	7	8	9	10	11	12	13	14

tödlich für alle Fische

zunehmend lebensfeindlich für viele Fische

mehr oder weniger angenehmer Lebensbereich für tropische Fische

optimaler Bereich für viele tropische Fische

optimal für bestimmte Fische, z. B. solche aus den zentralafrikanischen Seen

zunehmend lebensfeindlich für viele Fische

tödlich für alle Fische

Der pH-Wert tropischer Gewässer

liegt in den meisten Fällen im leicht sauren Bereich, also zwischen dem Neutralpunkt 7,0 und 6,6 pH. Mit dem Begriff „pH" (lat.) = potentia Hydrogenii (Exponent des Wasserstoffs) wird der negative Logarithmus der Konzentration von Wasserstoff-Ionen bezeichnet.

Der pH-Wert: Sauer oder alkalisch (basisch)?

Der pH-Wert ist auf einer logarithmischen Werteskala festgelegt, die von 0 bis 14 reicht. Die Neutralgrenze liegt logischerweise in der Mitte, also bei 7,0. Liegt der pH-Wert darunter, so ist das Wasser mehr oder weniger sauer, liegt er darüber so ist es alkalisch (basisch). Wichtig zu wissen: Bedingt durch die Tatsache, dass sich die Werte auf- oder abwärts potenzieren, ist ein Wasser von 5,0 pH zehnmal saurer als eines von 6,0 pH, aber (und jetzt heißt es aufgepasst!) ein Wasser von 4,0 pH ist hundertmal (10 x 10) saurer als eines von 6,0. Das ist eine Tatsache, die man beim Hantieren und Experimentieren im und mit Aquarienwasser nicht übersehen sollte, weil sich daraus bei einer Fehleinschätzung schlimmstenfalls fatale biologische Folgen ergeben könnten.

Der pH-Wert kann mit Teststäbchen wie auch elektronisch gemessen werden. Besonders in neu eingerichteten Aquarien empfiehlt es sich am Anfang, mindestens einmal am Tag den Wert zu kontrollieren. Dasselbe sollte nach einem Teilwasserwechsel erfolgen. Für viele Fische ist ein bestimmter pH-Wert lebensnotwendig. Wird er ihnen nicht geboten, können sie an Haut- und Kiemenschäden leiden und in extremen Fällen sogar daran zugrunde gehen. Ich habe einmal erlebt, dass ein Aquarianer Schneckenbuntbarsche aus dem Tanganjikasee in einem schön mit Sandgrund eingerichteten Aquarium im größeren Stil vermehren wollte. Der pH-Wert war anfangs auf 7,8 eingestellt (im See 8,8 bis 9,0), Haltung und Vermehrung klappten bestens, doch mit der Zeit ließ die Vitalität der Tiere nach und einige lebten schon bald nicht mehr. Der Mann hatte sich in der Folge nie mehr um seinen pH-Wert gekümmert, und als ich dann einen Test machte, musste ich leider einen Wert von 5,8 pH messen. Kein Wunder – denn die Tiere aus dem See vertragen kein saures Wasser! Diese Geschichte soll ein vielleicht nicht gerade übliches Malheur erklären

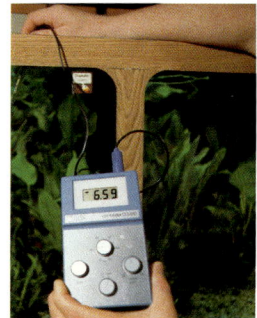

pH-Messung: Wie sehr ein Wasser sauer oder basisch ist, lässt sich auf verschiedene Arten feststellen. Die hier gezeigte elektronische ist die praktischste und muss auch nicht teuer sein.

und den Spruch „Kleine Ursache, große Wirkung" (auch wenn diese Ursache schon „groß" zu nennen wäre) erneut zu bestätigen. Wie aber kann es passieren, dass der pH-Wert so stark absinkt? Eine wesentliche Ursache für das geschilderte Absinken des pH-Wertes über einen längeren Zeitraum (ohne Kontrolle und Teilwasserwechsel) lässt sich mit der Anstieg und schließlich einer Häufung saurer Stoffwechselprodukte erklären.

Erhöhen des pH-Wertes

Selten ist ein Erhöhen des pH-Wertes erforderlich, solange die Karbonathärte mindestens 2 bis 3 °dKH beträgt. In einem Becken, in dem Fische aus dem Malawi- oder dem Tanganjikasee gepflegt werden, soll man daher mit dem Einsatz einer CO_2-Anlage sehr vorsichtig umgehen – am besten ganz auf sie verzichten. Bekanntlich löst Säure Kalk; und wäre das Wasser in den Seen auch nur ein wenig sauer, würden sich die leeren Gehäuse abgestorbener Schnecken nicht lange halten, sondern bald zersetzt werden. Zum Erhöhen des Wertes helfen deshalb ein kräftiges Belüften des Wassers oder auch ein Teilwasserwechsel.

Senken des pH-Wertes

Die meisten Aquarianer senken den pH-Wert durch eine Filterung über Torf oder hängen ein Säckchen mit Torf vor den Filterauslauf. Ein unbeabsichtigtes Absinken des Wertes kann, wie bereits erwähnt, leicht durch Ansammlung saurer Produkte aus dem Stoffwechselabbau erfolgen. Deshalb sollen bei einem Teilwasserwechsel auch die Mulmecken im Aquarium jedesmal mit abgesaugt werden.

Elektrische Leitfähigkeit des Wassers

Viele von uns haben schon einmal im Kino oder Fernsehen einen Mord erlebt, bei dem man einer Person in der Badewanne einen stromführenden Föhn oder ein kleines, an die Stromleitung angeschlossenes Radio ins Wasser geworfen hat. Dass das Opfer daran starb, hat mit der elektrischen Leitfähigkeit des Wassers zu tun!

den pH-Wert senken

kann man auf die einfachste Weise, indem man das Aquarienwasser über eine Filtereinlage aus Aquarientorf (kein Gartentorf!) laufen lässt. Man nennt das zwar „filtern", doch stimmt dieser Begriff hier nicht, weil ein Filter entzieht (absorbiert) und nichts (wie in diesem Fall) zufügt. Bei der „Torffilterung" wird gleichzeitig die Karbonathärte gesenkt. Eine zweite Methode besteht darin, dem Wasser CO_2 zuzufügen (wie es auch in der Natur geschieht).

Der Zusammenhang zwischen Elektrischer Leitfähigkeit und der Wasserhärte:		
Elektr. Leitfähigkeit	**Elektrolytgehalt**	**etwa Grad dGH**
60 µS/cm	sehr salzarm	sehr weich, ± 2 °dGH
240 µS/cm	wenig salzhaltig	weich, ± 8 °dGH
1000 µS/cm	salzhaltig	mittelhart, ± 33 °dGH
1500 µS/cm	kräftig salzhaltig	hart, ± 50 °dGH

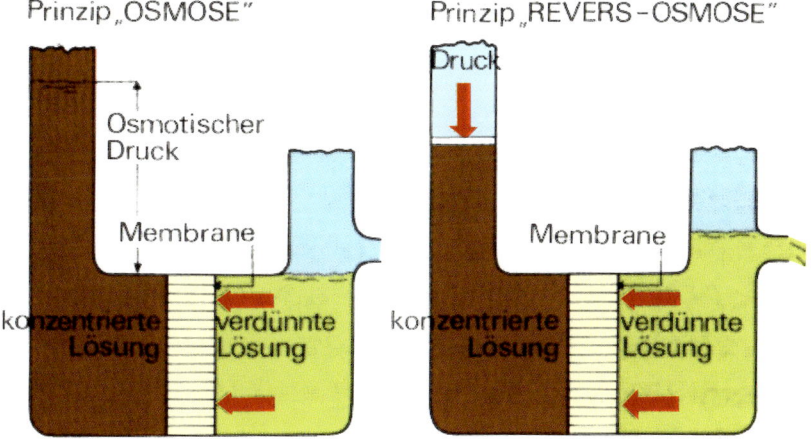

Prinzip „OSMOSE"

Osmotischer Druck

Membrane

konzentrierte Lösung   verdünnte Lösung

Prinzip „REVERS – OSMOSE"

Druck

Membrane

konzentrierte Lösung   verdünnte Lösung

Osmose und Revers- oder Gegenosmose laufen entgegengesetzt ab: Links die natürliche Osmose. Sie erfolgt, wenn Flüssigkeiten unterschiedlicher Konzentration (verschiedener Mineralgehalte) durch eine halbdurchlässige Membran getrennt sind und die dünnere Lösung in die konzentriertere tritt. Bei der Gegenosmose wird auf die höhere Konzentration ein Druck ausgeübt (Druckpumpe), der größer als der normale osmotische Druck sein muss, so dass nun die konzentriertere Lösung in die niedrigere eintritt.

Die Elektrische Leitfähigkeit (auch kurz „Leitwert" genannt) wird in Mikro-Siemens pro Zentimeter (µS/cm) gemessen (bezogen auf den Widerstand einer Elektrolytlösung zwischen zwei Elektroden von einem Abstand l = cm und einem Querschnitt von q = 1 cm²). Die im Wasser gelösten Mineralsalze zerfallen in Ionen und diese tragen eine elektrische Ladung, welche die Leitfähigkeit beeinflussen. Diese Salze sind nicht nur die, welche die Härte des Wassers bilden, sondern auch andere. Trotzdem erlaubt die elektrische Leitfähigkeit in Wässern durchschnittlicher Zusammensetzung mit Kalzium und Magnesium-Ionen (!) Rückschlüsse auf die Gesamthärte des Wassers. Dieser nicht ganz genaue Richtwert wird für 1 °dGH mit etwa 30 bis 33 µS/cm angegeben. Steigt dagegen das Verhältnis von 30 µS/cm je 1 °dGH (wie bei der Messung „Biotop Burundi/ Tanganjikasee, vgl. Seite 23), so liegt hier auch die Karbonathärte über der Gesamthärte, was viele Aquarianer erstaunt. In diesem Wasser sind neben den bereits erwähnten Salzen noch wesentliche Mengen anderer Salze wie Natrium- und/oder Kaliumsalze enthalten.

Osmotischer Druck und Umkehr- bzw. Gegenosmose

Aquarianer, die schon einmal nach erfolgreicher, im Grunde unbeabsichtigter Paarung ihrer Fische Gelege vorfanden, deren Eier jedoch bald schrumpften oder sich ausdehnten und platzten, hatten bald die anfängliche Freude an der Fortpflanzung ihrer Fische verloren. Wer nur Fische pflegt und sich weder nach den beanspruchten Wasserwerten der Wildfangtiere erkundigt und dazu noch die Wasserwerte in seinem Aquarium kennt, kann solche Pannen (wenn man sie denn als solche sieht) heraufbeschwören. Woran also kann das Geschilderte oder Ähnliches liegen?

Unsere Zierfische, wenn sie nicht aus osteuropäischen oder südostasiatischen Nachzuchten stammen, können zwar aus unterschiedlichen Gebieten unserer Erde kommen, doch führen die meisten ihrer Heimatbiotope mehr oder weniger weiches und dazu auch noch leicht saures

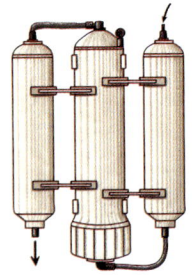

Osmosegeräte werden in unterschiedlichen Bautypen angeboten, zum Beispiel mit einem Feinfilter vor- und einen Torffilter nachgeschaltet.

Wasser. Nach Eingewöhnung macht es den Fischen auch nichts aus, wenn das Aquarienwasser nun härter und der pH-Wert nicht ganz so sauer ist. Nun ist der Säuregehalt in unserem Fall nicht maßgebend, wohl aber die Wasserhärte und damit die Konzentration der im Wasser gelösten Salze oder Mineralstoffe. Stammen die Fische aus weichem Wasser, so ist auch die Flüssigkeit im Inneren ihrer Eier mineralarm. Ist das Aquarienwasser dazu im Vergleich wesentlich härter, dann sorgt eine ganz natürliche Osmose für einen Ausgleich.

Unter Osmose versteht man das Durchdringen von Stoffen/Flüssigkeiten durch eine Membran. Biologische Membranen, wie man sie in den Fischeiern antrifft, sind meist nur für eine bestimmte Molekülgröße osmotisch durchlässig. Man nennt das „semipermeabel". Die Konzentrationsänderung findet dadurch statt, dass Moleküle der dünneren Lösung durch die semipermeable Membran in die konzentrierte Lösung treten und diese verdünnen. Die höher konzentrierte Lösung, in diesem Fall die des Aquarienwassers, hat also das Bestreben, sich zu verdünnen und entzieht den Eiern dazu die Flüssigkeit, so dass sie schrumpfen, absterben und wahrscheinlich bald verpilzen. Nun wissen wir, was bei der natürlichen Osmose vor sich geht. Das Aquarienwasser muss also bei der Zucht mit Wildfangtieren in seiner Härte mit der des natürlichen Biotops in etwa übereinstimmen, um eine Osmose, wie die Genannte, nicht zuzulassen.

Die Umkehr-, Gegen- oder Revers-Osmose bedient sich praktisch derselben Methode – nur in entgegengesetzter, in umgekehrter Richtung. Bei dieser heute viel geübten, aber keinesfalls neuen Art, das Wasser von gelösten Stoffen zu befreien, gibt es keine Kunstharze, wie man sie sonst gelegentlich noch zum Teil- oder Vollentsalzen des Leitungswassers verwendet. Bei der Umkehr-Osmose wird auf die höher konzentrierte Lösung ein Druck ausgeübt, der größer ist als der normale osmotische Druck. Bei kleineren Osmosegeräten genügt der normale Wasserdruck aus der Leitung, bei größeren wird der Druck mit Hilfe einer Druckpumpe erreicht. Dieser Hochdruck zwingt die Wassermoleküle durch die halbdurchlässige (semipermeable) Membran von der höher konzentrierten in die niedriger konzentriertes Lösung.

Das für den Aufbau des Membran-Moduls verwendete Material kann sich aus verschiedenen Stoffen zusammensetzen – das ist fabrikatbedingt. Meist finden Polyamid-Hohlfasermembranen Verwendung, die gegenüber Oxidationsmitteln die beste Beständigkeit aufweisen, sowohl in saurem, als auch in alkalischem (basischem) Milieu. Das Modul eines Hohlfaser-Permeators ist ein kompliziertes, röhrenförmiges Gebilde, in dem die Hohlfasern als dichte Packung (jedoch mit Abstandhaltern) rund um ein poröses Verteilerrohr angeordnet sind. Das Leitungs- oder Rohwasser umströmt die Fasern und verlässt die Faserbündel durch das Distanzgewebe. Das gereinigte Wasser (Permeat) fließt durch den Hohlraum der Fasern. Die Fließgeschwindigkeit ist relativ gering. Das bei der Reinigung zurückbleibende Wasser (Konzentrat) wird über eine besondere Leitung mit Druckhalteventil abgeführt und kann noch für andere (gärtnerische) Zwecke weiterverwendet werden. Die Qualität eines Osmosegerätes läßt sich daraus ersehen, wieviel Liter Permeat man aus

Den Sauerstoffgehalt eines Wasser misst man am einfachsten und unaufwendigsten auf elektronischem Wege.

In welchem Verhältnis müssen Sauerstoffgehalt und Temperatur des Wassers (bei einem Luftdruck von 1013 hPa*) stehen, um ein physikalisches Gleichgewicht zu erreichen?

bei	20 °C	9,1 mg/l Sauerstoff
bei	21 °C	8,9 mg/l Sauerstoff
bei	22 °C	8,7 mg/l Sauerstoff
bei	23 °C	8,6 mg/l Sauerstoff
bei	24 °C	8,4 mg/l Sauerstoff
bei	25 °C	8,3 mg/l Sauerstoff
bei	26 °C	8,1 mg/l Sauerstoff
bei	27 °C	8,0 mg/l Sauerstoff
bei	28 °C	7,8 mg/l Sauerstoff
bei	29 °C	7,7 mg/l Sauerstoff
bei	30 °C	7,6 mg/l Sauerstoff
bei	31 °C	7,4 mg/l Sauerstoff
von	32 °C	7,3 mg/l Sauerstoff

* hPa = Hektopascal, früher Millibar

100 Litern Rohwasser erhält, und – wie so oft: Qualität bzw. höhere Leistung hat ihren Preis.

Das Permeat entspricht normalerweise einem Destillat mit sehr geringem Salzgehalt, ist also für die Fische zunächst noch lebensfeindlich. Das Permeat muss erst wieder aufbereitet, lebensfreundlich gemacht werden. Zu diesem Zweck bietet der Handel neben bestimmten Mineralkombinationen auch flüssige Wasserausbereiter an, von denen nur geringe Mengen zugeführt werden müssen. Um bestimmte Zuchterfolge mit entsprechenden Quoten bei sogenannten Problemfischen wie z. B. Diskus-Wildfängen zu erreichen, kann man das Permeat auch mit Leitungswasser verschneiden und darauf mit Hilfe von Torffilterung den pH-Wert in die gewünschte Richtung zu drücken.

Sauerstoff – Lebenselexier und Luft zum Atmen

Im Zusammenhang mit der Atmung unserer Fische und vor allem auch dem Millionenheer der Bakterien müssen wir uns nicht mit dem Wassermolekül H_2O und dem darin chemisch gebundenen Luftsauerstoff auseinandersetzen, sondern um den im Wasser gelösten gasförmigen Sauerstoff, der sich mit verringerndem Druck und mit ansteigender Temperatur dem Wasser entzieht.

Wie kommt der Sauerstoff ins Wasser? Da sind zunächst einmal die Pflanzen zu nennen, die im Verlauf der Assimilation, der Fotosynthese, Sauerstoff freisetzen. Andererseits entsteht bei ihrer Dissimilation während der Nacht, wo die „Sonne" nicht scheint (die Aquarienlampen abgeschaltet sind), ein gewisser Bedarf an Sauerstoff. Ein weiterer Sauerstoff-

Sauerstoffmangel

Nicht alle Zierfischarten haben einen gleichmäßigen Sauerstoffbedarf. Sinkt der Gehalt unter den Minimalwert, kommt es zum Erstickungstod. Die Ursachen dafür können verschiedenen Ursprungs sein und müssen nicht allein im technischen Bereich gesucht werden, oft genug in Überbesetzung und plötzlichem Überangebot an Futter. Das in der Folge anfallenden hohe Angebot an Futterresten und Ausscheidungsprodukten führt beim Abbau durch die Bakterien zu einem sprunghaft ansteigenden Bedarf an Sauerstoff.

**Ohne Teilwasser-
wechsel steigt der
Nitratwert ständig
an. Wann wird er für
die Fische lebensbe-
drohend?**

Bei Nitraten (NO_3^-),
den Salzen der Sal-
petersäure, handelt es
sich um die letzte Stufe
im Stickstoffabbau, der
Denitifikation. In den
bekannten Zierfisch-
gewässern trifft man
Nitrat nicht oder in
kaum messbaren
Mengen an. Unser
Leitungswasser darf
laut derzeitigem Ge-
setz nicht mehr als 50
mg/l Nitrat enthalten.
Züchter versuchen,
den Nitratwert in ihren
Becken bei Werten
unter 20 mg/l zu halten.
Etwa ab 100 mg/l be-
ginnt Nitrat im Aquari-
um zur Gefahr zu wer-
den und Werte über
150 mg/l sollten – auch
bei der Haltung von
„starken" Fischen
unbedingt vermieden
werden.

eintrag erfolgt durch O_2-Aufnahme aus der Luft, wobei wir Aquarianer dafür sorgen müssen, dass die Luft zum Beispiel mit dem Filterausgang und dessen Pumpe (möglicherweise mit Hilfe eines Diffusors) ins Wasser des Aquariums eingetragen wird. Wie kräftig strömende Bäche und Flüsse und auch das bewegte Meer an ihrer Oberfläche Sauerstoff aufnehmen, kann man das auch vom Wasser im Aquarium erwarten. Ist dagegen die Wasseroberfläche ruhig und möglicherweise noch mit einer den Gasaustausch verhindernden Kahmhaut bedeckt, so ist die Sauerstoffaufnahme stark erschwert wenn nicht unmöglich.

Starker O_2-Mangel wird von den Fischen deutlich dadurch angezeigt, dass sich ihre Atemfrequenz gut sichtbar erhöht hat und sie nach Luft schnappend unterhalb des Wasserspiegels stehen: Ein deutliches Signal etwas zu unternehmen – zum Beispiel einen schnellen Teilwasserwechsel.

Nicht alle Fische benötigen zum Veratmen die gleiche Sauerstoffmenge. Das hängt von der Art und ihrer Beweglichkeit ab. Dazu gesellt sich die Tatsache, dass sich bei Feldmessungen oft wesentlich niedrigere Werte ermitteln lassen, als sie im Aquarium anzustreben sind. Enthält das Aquarium einen hohen Anteil an Stoffwechsel-(Abfall)produkten, so steigt dadurch der Sauerstoffverbrauch, da er von den Bakterien für ihren Abbau benötigt wird.

Der oft beschriebene Begriff von der „Sauerstoffsättigung" gaukelt uns vor, dass damit die oberste Stufe des Sauerstoff-Eintrages erreicht sei. Das ist nicht der Fall, denn im Wasser können noch höhere Gasmengen gelöst sein. Es handelt sich vielmehr und einen Gleichgewichtswert, der sich dann einstellt, wenn sich die ständig ausgetauschten Gase Sauerstoff (O_2), Stickstoff (N_2) und Kohlendioxid (CO_2) sowie einige andere im Gleichgewicht befinden. Das Gleichgewicht ist wiederum abhängig vom Luftdruck und der Wassertemperatur.

Ein Wert von mindestens 60 % dieser Sauerstoffanteils bedeutet die Untergrenze, die niemals unterschritten werden darf. Unsere Zierfische können einen geringen Sauerstoffgehalt zwar einige Zeit überdauern, doch sollte man dann baldigst Gegenmaßnahmen ergreifen.

Der Stickstoffkreislauf:
Ab- und Umbau der Abfälle

„Menschen haben es gut. Sie spülen ihre Ausscheidungen und mögliche Essenreste die Toilette hinunter!" Die Ausscheidungen, Futterrückstände und pflanzliche Abfälle der Fische sinken zu Boden oder lösen sich im Wasser auf. Sie belasten zunächst das Wasser und würden es bald lebensfeindlich machen, gäbe es nicht die kleinen Helfer, von denen wir die bekanntesten als *Nitrosomas* und *Nitrobacter* kennen, winzigkleine Bakterien, die helfen, diese Stoffwechselprodukte über verschiedene Zwischenstufen weiter abzubauen, zu mineralisieren. Im Kreislauf natürlicher Gewässer, das heißt in ihren intakten Ökosystemen ist dieser Abbau nicht sonderlich erwähnenswert. Im konzentrierten Lebensraum eines Aquariums aber muß der Pfleger stets darüber wachen, dass die

Nitrifikation die einzelnen Schritte dieses Abbaus über Ammonium und Nitrit zur Endstufe Nitrat störungsfrei durchlaufen kann.

Bei der Verdauung von Proteinen (Eiweißen) im Magen/Darmtrakt der Fische wird Stickstoff in Form von Ammoniak (NH_3) ausgeschieden und sofort in Ammonium-Ionen umgewandelt. Käme es dabei zu einer Störung, wie sie bei höheren pH-Werten (etwa ab 7,8 aufwärts) eher auftreten kann als bei geringen (bei sauren gar nicht), so kann es zur Ammoniak-Vergiftung kommen. Ammoniak ist

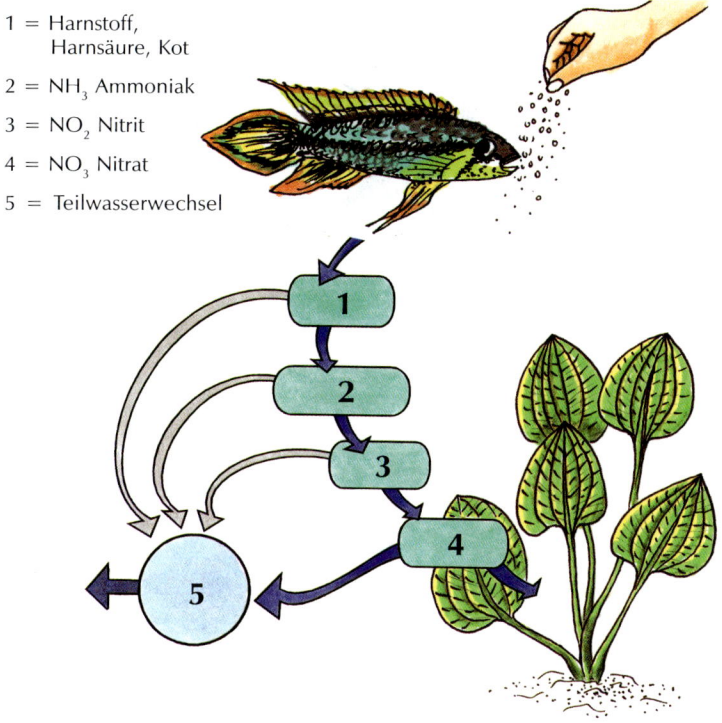

1 = Harnstoff, Harnsäure, Kot

2 = NH_3 Ammoniak

3 = NO_2 Nitrit

4 = NO_3 Nitrat

5 = Teilwasserwechsel

ein Gift, das bereits bei nur einem mg/l im Aquarienwasser tödlich wirkt. Das Ammonium (NH_4^+) jedoch gilt in einem natürlichen Ökosystem als Hauptpflanzennährstoff und wird hier verbraucht. Im Aquarium ist nicht genügend Bedarf vorhanden, so dass es weiterverarbeitet werden muß und die Nitrifikation setzt ein. Dabei wird nun das Ammonium von *Nitrosomas*-Bakterien unter Verbrauch von Sauerstoff zu Nitrit (NO_2) oxidiert. Auch Nitrit kann eine giftige Wirkung auf den Fischbesatz ausüben, nämlich dann, wenn sich in neu eingerichteten und zu früh überbelasteten Aquarien (zu viele Fische) noch keine ausreichende Zahl der *Nitrobacter*-Bakterien hat bilden können, um die weitere Abbauschritte zu übernehmen. Nitrit wird in der normal verlaufenden Abfolge dann zu Nitrat (NO_3) verwandelt.

Für das Auge nicht erkennbar, läuft der Stickstoffkreislauf ab. Das Endprodukt ist Nitrat, das von den Pflanzen nur in geringen Mengen verwertet werden kann. Die Nitratentfernung geschieht am einfachsten und somit auch preiswertestens durch einen regelmäßigen Teilwasserwechsel.

Wozu ein regelmäßiger Teilwasserwechsel gut ist

Normalerweise erfolgt, wie erwähnt, die weitere Nitrifikation zu Nitrat ohne größere Probleme. Dieses Nitrat gilt als die Endstufe des Stickstoffkreislaufes. Es ist zwar mit verschiedenen aufwendigen Prozessen möglich, Nitrat aus dem Aquarienwasser zu entfernen. Der preiswerteste und natürlichste Weg ist und bleibt ein regelmäßiger Teilwasserwechsel, wie er sich auch nach Eintritt und zum Abbau der genannten Störungen bestens bewährt hat.

Einrichtung und Pflege

Wenn wir in diesem Buch davon ausgehen, dass es sich bei Aquarieneinrichtungen um die schön anzuschauender Wohnzimmerbecken (und keine pflanzenlosen Zuchtaquarien) handelt, kommt nach all den bisherigen biologisch-technischen Dingen nun auch die Ästhetik zu Wort. Dabei ist zu berücksichtigen, dass sich die Geschmäcke der einzelnen Aquarienfreunde ebenso voneinander abheben wie die Bereitschaft, für die Einrichtung eines mit vielen Pflanzen ausgestattetes Aquariums einiges an Geld auszugeben. Zugegeben, billiger ist es, sich dabei eher auf verschiedene, schnell ins Kraut schießende Pflanzen zu beschränken, die ein anderer Aquarienfreund für wenig Geld abgibt oder herschenkt. Die Frage die sich hier stellt: Möchte man einen gepflegten Unterwassergarten oder einen bald verwildernden „Dschungel unter Wasser"?

Wenn man ein Aquarium einrichtet, sollte man einen Dekorations- und Pflanzplan zu Papier bringen oder ihn zumindest im Kopf haben. Bei der Durchführung hilft ein Plan allein deshalb, weil sich an ihm bei einem Wohnzimmeraquarium von beispielsweise 120 cm Länge weit vor der eigentlichen Arbeitsaufnahme ablesen läßt, wieviel Bodengrund, welche Wurzelhölzer, welches Gestein und schließlich welche und wieviele Pflanzen beschafft werden müssen. Dies allein ist mit einem schönen Stück Arbeit verbunden. So braucht man für ein Becken von 120 x 50 cm Bodenfläche und einem Bodengrundhöhe von 5 cm allein 300 kg eines Sand-/Kiesgemischs. Soll das Aquarium 10 cm tiefer und dazu mit einer Terrasse für tiefer wurzelnde Pflanzen ausgestattet sein, so kommen wir leicht an die 400 kg-Grenze heran.

Dekorative Wurzeln findet man auch oft nicht auf Anhieb und wenn, können sie Probleme machen: Sie gehen erstens nicht unter, weil sie zu viele Lufteinschlüsse in sich vereinen. Sie müssen über einen längeren Zeitraum gewässert werden. Das trifft besonders für schöne große Moorkienholzstücke zu. Zweitens sind auffällige große tropische Hölzer nicht für ein paar Mark zu haben und viele haben die unangenehme Eigenschaft, viele Monate lang kräftigbraune Huminstoffe an das Aquarienwasser abzugeben, was den meisten Aquarianer auch nicht recht sein wird. Auch solche Hölzer müssten lange vorher gewässert werden. Man sieht, die Vorwahl allein kann schon einige Verwirrung stiften. Vielleicht macht aber diese Ungewissheit und der Kampf mit den kleineren und größeren Schwierigkeiten einen Teil von dem Reiz an der Aquaristik aus, der uns Aquarianer immer wieder aufs Neue fesselt.

Aquarientypen

Nach der Form besehen kann man hier beim „klassischen" Aquarium in Rechteckform und mit aufrecht stehenden Front- und Seitenscheiben beginnen. Da alle mit Silikonkautschuk zusammengehalten werden und Glas im Normalfall nicht zu biegen ist, gibt es bei diesen Aquarien nur

Wurzeln und andere Hölzer – aber nicht aus dem heimischen Wald!

Heute bietet der aquaristische Handel meistens tropische Hölzer für die Aquarieneinrichtung an. Eine Reihe dieser Hölzer braucht eine lange Zeit der Wässerung, wobei sie außerdem kräftige braune Farbstoffe abgeben können. Sie sind aber meist relativ schwer und gehen sogleich unter. Möchte man dagegen das aus einheimischen Torfregionen stammende Moorkienholz verwenden, so zeigen sich die genannten Probleme in umgekehrter Form: Das Holz färbt kaum, muss aber ebenfalls lange vorgewässert werden, bis alle Lufteinschlüsse sich entfernt haben und das Holz untergeht. Fragen Sie Ihren Händler nach leicht untergehendem und nicht färbendem Holz.

Becken mit schräggestellten Front- und Seitenscheiben. Hier ein Aquarium von 100 cm Länge, 60 cm Breite (unten) und 35 cm (oben) und 50 cm Höhe.

Scheibenputzen – aber nur mit der nötigen Vorsicht

Front- und Seitenscheiben eines Aquariums veralgen mit der Zeit und müssen gereinigt werden. Man verwendet dazu entweder Klingen-, Magnet- oder Schwammreiniger. Alle haben Vor- und Nachteile, verkratzen aber die Scheibe nicht – wenn man mit ihnen keinen scharfen Quarzsand vom Boden hochzieht, der dann das Glas einritzt.

rechte Winkel. Nun hat sich aber ein Hersteller etwas relativ Neues ausgedacht und gibt Front- und teilweise auch Seitenscheiben eine zurückgeneigte Lage, was dem Blick ins Innere des Becken eine neue Dimension verleiht, die aber nur wirklich bei größeren Aquarien wirkt. Von anderen Herstellern kennen wir Plexiglasaquarien, deren Kanten keine scharfen, sondern gebogene Winkel bilden. Das hat mit der Tatsache zu tun, dass man dieses Glas nach dem Erwärmen biegen und auf diese Weise scharfe Kanten und Ecken vermeiden kann.

Die Art der Einrichtung

Nach Art der Einrichtung besehen und wenn man den Begriff „Typ" von einer anderen Seite betrachtet, so kann man Aquarien auch als Art-, Biotop-, Gesellschafts- oder eben auch Quarantäne- und Zuchtaquarium betreiben. Diese Art der Einteilung richtet sich dann meistens nach dem persönlichen Geschmack des Aquarianers, der sich auch auf die Zusammenstellung der zu pflegenden Arten und die dazu passende Einrichtung überträgt. Wer zum Beispiel an der Pflege besonders kleiner Arten interessiert ist, der benötigt dafür kein großes Becken, sollte dann aber auf den Zusatz größerer Mitbewohner verzichten, um das Leben der Kleinen nicht zu stören oder Gefahr zu laufen, dass sie gefressen werden. In Biotopaquarien pflegt man logischerweise nur Tiere aus einem Erdteil oder einer Region und wählt dazu auch regionale Pflanzen. Wer zum Beispiel Zwergcichliden pflegen und vermehren möchte, der tut gut daran, das Aquarium dem Bedarf der Tiere entsprechend mit Höhlen einzurichten und die Zahl der Männchen mit der Größe des Aquariums abzustimmen, weil die Revierbesitzer keinen Mitkonkurrenten um die Gunst des Weibchens (oder der Weibchen) in unmittelbarer Nähe dulden.

Reine Zuchtaquarien

Zuchtaquarien werden ohnehin nach fortpflanzungsspezifischen Gesetzen eingerichtet – wenn man dafür diesen Begriff überhaupt wählen darf. Die Einrichtung ist nur zweckmäßig ausgerichtet und besteht bei bestimmten Freilaichern oder auch einigen Substratbrütern, die wir als arge Laichräuber kennen, aus einem eingesetzten porösen Aquarienboden (Laichrost), auf den ein Knäuel feiner Pflanzen (wie Javamoos) gegeben wird, in welches die Weibchen dann ihre Eier geben können. Geschickte Bastler können hierbei auch kleine Wunderwerke schaffen, denn das Hauptaugenmerk muß der Züchter natürlich auf die Rettung des Geleges vor den meist räuberischen Alttieren richten (vgl. Thema „Einrichtung eines Zuchtaquariums", Seite 107f).

Quarantänebecken

Sie sollen in der Regel ohne Bodengrund, wohl aber mit Hölzern eingerichtet sein. Solche Becken richtet man vorsichtigerweise für Neuankömmlinge ein, die man nicht sofort und unkontrolliert mit weiteren Fischen (etwa aus einer Zuchtanlage) in Berührung kommen lassen möchte oder die sich nach dem möglichen Stress nach einer längeren Importreise hier erst erholen sollen. Leider findet man, fragt man gelegentlich nach dem Vorhandensein eines Quarantänebeckens, nur „besetzte Nebenaquarien", weil ein Aquarianer normalerweise kein leeres Aquarium herumstehen sehen kann.

Ist Desinfektion wichtig?

Eine gewisse Sauberkeit im Umgang mit empfindlichen Fischen und Pflanzen sollte schon gegeben sein. Es gibt in unserer Welt der vielen Angebote an Reinigungsmitteln. Viele davon würden den Tod ins Aquarium bringen und sind somit nicht geeignet. Wir beschränken uns deshalb auf althergebrachte Reinigungsmittel, wie sie Aquarianer schon seit vielen Jahrzehnten gebrauchen. Dazu gehören neben preiswertem Kochsalz auch einige Chemikalien, mit denen man bereits gebrauchte Aquarien wieder keimfrei macht. Dazu kann man zur chemischen Desinfektion starke Oxidationsmittel wie Kaliumpermanganat (Übermangansaures Kali), Wasserstoffperoxid oder auch eine 6 bis 10 %ige Formaldehydlösung verwenden. Dabei ist aber immer auch auf die Sicherheit bei der Anwendung (das erste ist ein kräftiger Farbstoff) wie auch auf eine gesicherte Aufbewahrung zu achten!

Kaliumpermanganat (KMnO$_4$)

Seine purpurroten, metallisch glänzenden Kristalle werden meist in kleinen runden Kunststoffdöschen angeboten, lösen sich leicht im Wasser und geben ihm eine tiefe violettrote Färbung. Neben seiner Eigenschaft zur Desinfektion verwendet man es auch als Medikament zur Bekämpfung von Hautparasiten (*Saprolegnia, Ichthyobodo, Chilodonella, Trichodina* und parasitische Copepoden) in Kurzbädern eingesetzt. Wasserpflanzen desinfiziert man (Abtöten unerwünscheten Schneckenlaichs) innerhalb 5 Minuten in einem Bad in einem separaten Gefäß oder Eimer (1 g auf 20 Liter Wasser).

Wasserstoffperoxid (H$_2$O$_2$)

H$_2$O$_2$ hat ebenfalls als starkes Oxidationsmittel eine gut desinfizierende Eigenschaft. Vorteilhaft dabei ist die Ungiftigkeit seiner Zerfallsprodukte: Wasser und Sauerstoff. Gegen Hauterkrankungen können im separaten Becken die betroffenen Tiere in 10 bis 15 minütigen Kurzbädern behandelt werden (10 ml einer 3 %igen Lösung auf 1 Liter Aquarienwasser).

Reinigung von Aquarien

Für die Erst- oder Wieder-Innenreinigung von neuen oder bereits gebrauchten Aquarien genügt normalerweise eine längerzeitige Spülung mit einer kräftigen Kochsalzlösung. Wem sie zu schwach erscheint, der kann eine Spülung mit Kaliumpermanganat vornehmen. Die Außenscheiben werden mit einem normalen Fensterputzmittel vorgenommen. Weiche Lappen, Schwämme oder Leder sind dabei allemal Voraussetzung.

Höhlenverstecke und Unterstände

Es kommt auf die Fische an, die man halten möchte. Dazu gehören aber immer auch solche, die nicht dauernd frei im Aquarium herumschwimmen und sehr auf einen ganz persönlichen Unterschlupf angewiesen sind. Die einen bevorzugen eine allseits geschlossene Höhle, an deren Decke die Weibchen auch ihre Eier abgeben. Anderen körperlich Stärkeren genügt ein Unterstand. An sie alle muss man bei der Einrichtung des Aquariums denken.

Die Ansprüche bestimmter Fischgruppen

Wie bereits angesprochen, stellen bestimmte Fischarten gewisse Ansprüche an das Wasser oder auch die Einrichtung ihres neuen künstlichen Lebensraumes. Die meisten Fische sind sehr sicherheitsbedacht. Gelangen sie in einen ihnen unbekannten Lebensraum, so gilt ihr erstes Streben der Suche nach einem Versteck in Form einer Höhle, eines Unterstandes, eines Pflanzendschungels oder einer Schwimmpflanzendecke. Was muss man aus dieser Tatsache bei der Einrichtung berücksichtigen? Man muss dem Streben der Fische nach Sicherheit Rechnung tragen.

Tiere vieler Arten die den Familien der Welse, der Buntbarsche, der Labyrinthfische aber auch der Salmler und Karpfenfische suchen zur Sicherheit Höhlen oder zumindest gut geschützte Unterstände auf. In einem speziellen Aquarium für sie dürfen diese Verstecke nicht fehlen. Dazu kommt, dass diese Fische, wenn auch nicht dauernd, so doch während eines bestimmten Zeitraumes, Reviere bilden und besonders dann solche Verstecke brauchen, weil ein Tier ohne Versteck begreiflicherweise den Nachstellungen eines Dominierenden oder sonstwie Stärkeren ausgeliefert ist.

Im Gesellschaftsaquarium, in dem Fische aller möglichen Familien eine Koexistenz miteinander eingehen müssen, strebt jedes Individuum einen arttypischen Sicherheitsplatz an, der vielleicht nicht den ganzen Tag über, so doch während der Nachtruhe oder (bei Welsen) der Tagruhe eingenommen wird. Was soll man daraus schließen? Jeder Aquarianer sollte es sich zur Pflicht machen, sich über neuangeschaffte Tiere und ihre arttypischen Ansprüche genau zu informieren.

Zum Schluss ein Beispiel: Man sagt den kleinen Salmlern nach, dass sie Schwarmfische sind, die bei Gefahr flüchten oder sich zwischen den Pflanzen zu verstecken suchen. Sie bilden normalerweise als Freilaicher keine Reviere. Es gibt aber in dieser Familie eine Reihe von Ausnahmen, wie etwa die brutpflegenden kleinen Salmler (*Crenuchus spilurus* oder *Poecilocharax weitzmani),* bei denen das Männchen Brutpflege betreibt und ein Revier bildet. Wenn man solche Fische pflegt und nicht über ihr allgemeines Verhalten wie auch ihr Fortpflanzungsverhalten Bescheid weiß, werden sie sich in einem Becken ohne die passenden Voraussetzungen nicht wohl fühlen.

Bedeutung und Gestaltung des Bodengrundes

Über den Bodengrund ist schon viel diskutiert worden und die Mitglieder der verschiedenen Meinungslager trugen dabei harte Wortgefechte aus. Gestritten wird in erster Linie über die Fragen, ob die Aquarienpflanzen ihre Nahrung hauptsächlich über die Wurzeln aufnehmen und deshalb einen entsprechend nährstoffhaltigen Boden benötigen oder ob ihre Wurzeln hauptsächlich als Haftorgane ausgelegt sind und sie ihre Nährstoffe (wie CO_2) vorzugsweise über die Blattspreiten dem Wasser entnehmen. Wenn man nach der „Wahrheit" sucht, sollte man wissen, dass sich das, was wir als „Aquarienpflanzen" bezeichnen, aus Sumpf-

Ein Fisch (hier eine neue Winkelfleck-*Apistogramma*-Art) passt seine Körperfärbung dem Untergrund an.

Kies- oder Sandgrund

...darf das tropische Wasser nicht aufhärten. Man sollte als Bodengrund nur gut gewaschenen Quarzkies oder -sand verwenden. Fragen Sie Ihren Fachhändler.

und reinen (das heißt dauernd untergetaucht lebenden) Wasserpflanzen zusammensetzt. Eine Sumpfpflanze, die je nach saisonalem Wasserstand mal submers (untergetaucht) und mal emers (außerhalb des Wassers) lebt, sich nicht allein von im Wasser gelöstem Kohlenstoff ernähren kann (gasförmigen Kohlenstoff gibt es auch in der Luft). Bestimmte Nährstoffe wie Eisen, Mangan und Stickstoff werden vom Sauerstoff im Wasser oxidiert, damit unlöslich und für die Pflanzen nicht mehr verwertbar.

Es kommt auf die Pflanzen an, die wir pflegen. Sicher haben viele schon einmal festgestellt, dass der Pflanzenwuchs bestimmter Arten bei ihnen und in ihrem dann größtenteils unbehandelten Leitungswasser ohne weiteres Zutun hervorragend klappt. Dabei kommt es mit der Zeit, weil bestimmte Arten in einem solchen Becken verkümmern und schließlich eingehen, zu einer Art „Monokultur", die zwar noch eine begrenzte Artenzahl aufweist, die aber von Hause aus (sprich vom ursprünglichen Lebensraum aus) eher als relativ anspruchslos zu bezeichnen ist.

Nur in Aquarien mit gleichermaßen nährstoffreichem Grund wie auch ausreichendem Kohlenstoff im Wasser kann man **allen** Pflanzen ein lebensgerechtes Angebot machen. Vorwiegend über die Wurzeln nehmen zum Beispiel Sumpfpflanzenarten der Gattungen *Aponogeton*, *Echinodorus* und *Cryptocoryne* auf, während man jenen, die eine Nahrungsaufnahme über die Blattoberfläche vorziehen, das auch an den kleinen Blättern oder ihrer Blattfiederung ansieht. Es sind Arten wie *Cabomba*, *Elodea*, *Limnophila* und *Myriophyllum*. Was aber haben die Fische von dem Bodengrund, der ja auch den Mikroorganismen als Siedlungssubstrat dient? Viele Arten, darunter beispielsweise Barben wie auch alle Mitglieder der Geophaginen (wohlbekannt sind die Gattungen *Geo-* und *Gymnogeophagus* wie Zwergbuntbarsche der Gattungen *Apistogramma*, *Apistogrammoides*, *Biotoecus*, *Crenicara*, *Dicrossus*, *Microgeophagus* und *Taeniacara*) und auch eine Reihe von Welsen kauen den Bodengrund nach verwertbaren Nahrungspartikeln durch.

Beide, Pflanzen und Fische können aber nur mit einem Boden „etwas anfangen", der die richtige Körnung aufweist: Ist sie zu grob, können Pflanzen nicht gut eindringen und zuweilen hat er für das Maul kleinerer Arten eine unpassende Größe. Ist der Grund zu fein, verdichtet er sich zu stark und läßt keine gute Durchlüftung zu. Ebenso ist die Färbung des Grundes im Aquarium von Wichtigkeit, denn kleinere, bodennah lebende Fische wie Zwergcichliden passen sich den Hell-/Dunkel-Unterschied des Bodens mit den Tönen ihrer eigenen Körperfärbung an (Fotos S. 41), und da ein bodennah lebender Fisch mit zu hellen Tönen meist nicht viel an Färbung herzeigt, wirken die Tiere auf dunklem Grund wesentlich farbkräftiger und plastischer. Dazu fühlen sich die meisten Fische auf hellem Grund nicht wohl und passen so gut es geht ihr Farbspektrum an, weil sie zu leicht für Räuber als Opfer zu erkennen sind. Man sollte sich allerdings bei der Wahl nach einer dunklen Farbe des Grundes nicht verleiten lassen, widernatürliche Materialien wie Basaltsplit oder Blähtonkügelchen zu verwenden. Sie können zwar den Tieren nicht schaden, wohl aber dem Gesamteindruck und sind nicht dazu angetan, dem Bodengrund ein natürliches Aussehen zu verleihen.

Wie soll sich nun ein Bodengrund zusammensetzen?

a) Nahrhafter Boden: In der deutschen aquaristischen Literatur haben sich am meisten HORST & KIPPER mit der Problematik der Pflanzenböden befasst. Sie erwähnen das Vorkommen von Laterit in vielen tropischen Regionen unserer Erde, einer roten Bodenart, der man sehr oft als Pisten, an Flussufern oder auch in Bachbetten begegnet. Dazu merken die Autoren an: „Das Vorkommen von Laterit ist aus klimatischen Gründen auf die Tropen beschränkt. Laterit enthält neben kaolinitischem Bodenmaterial vorwiegend Eisenoxide und -hydroxide von 4-84 %. Während für die Landwirtschaft Laterit als unfruchtbarer Boden gilt, hat er für die Gewässer und somit für die submers wachsenden Pflanzen eine elementare Bedeutung. Unter anaeroben Bedingungen wird aus dem Laterit im Grundwasser Eisen gelöst und mit organischen Säuren und Huminsäuren gebunden. Im freien Wasser geschieht nun folgendes: Unter Sauerstoffeinwirkung werden vorwiegend Eisen und anorganische Spurenelemente oxidiert und ausgefällt. Ein rotbrauner Niederschlag sinkt zu Boden und setzt sich ab. Dies ergibt die typische Farbe tropischer Gewässer. Je nach Gehalt an Humin- und organischen Säuren im Wasser werden aus diesem Potential Eisenmengen gelöst."

Laterit erhält man auch im Angebot des aquaristischen Fachhandels. Für die Verwendung im Aquarienboden, wo der Boden mit Quarzkies als Unterboden vermischt wird, wird Laterit mit hohem Eisengehalt gefordert.

b) Kies-/Sandgemisch rein oder als Auflage zu „a". Am besten eignet sich dunkler, nicht zu scharfer Quarzkies mit 2 bis 3 mm Körnung, den man mit einer ebenso gefärbten groberen Sandauflage abdeckt, mit der besonders kleine bodennah lebende Fische etwas anfangen können.

Bodengrund gleich welcher Art darf keinen Kalk enthalten, denn er macht jeden Versuch, das Aquarienwasser mit Hilfe der CO_2-Düngung in das Kalk-Kohlensäure-Gleichgewicht zu bringen, zunichte. Dasselbe gilt für den Einsatz kalkhaltigen Gesteins (siehe dort).

Einen Terrassenkasten kann sich jeder aus Hart-PVC-Platten und dem dazu gehörenden Kleber (Tangit) selber bauen („kaltverschweißen"). Der obere Vorderrand wird mit einem Wurzelholzstück kaschiert (VA-Schrauben verwenden) und das darunter gelegene Vorderteil wird mit Hilfe von Silikonkautschuk mit Aquarienkies beschichtet.

Terrasseneinbau

Bevor man die möglichen Heizkabel einbaut, um darauf den Bodengrund einzutragen, stellt sich die Frage nach einer Terrasse, die wiederum von der Größe des Aquariums bestimmt wird. Ein großes Aquarium (etwa ab 100 cm Länge) soll im Hintergrund mit großen, möglicherweise tiefwurzelnden Pflanzen ausgestattet sein. Sie brauchen eine Terrasse mit einem entsprechend höheren Bodengrund.

Wer eine Terrasse nicht richtig anlegt, dem kann sie dauernden Ärger bereiten, denn Fische wie auch Strömung arbeiten mit der Zeit ihren Rand nieder. Es ist daher wichtig, hier, an der

Vorderkante, stabile Verhältnisse zu schaffen. Wie kann man eine Abgrenzung am besten vornehmen? Sie kann aus Steinen oder Wurzelholz zusammengestellt sein. Verrutscht sie aber mit der Zeit, so hat man einen Fehler gemacht und den Vorderrand nicht richtig fixiert. Zur Sicherheit kann man schmale Glasstreifen vor der Einrichtung mit Silikonkautschuk an der betreffenden Stelle auf die gläserne Bodenplatte kleben, um ein späteres Verrutschen von Steinen oder Wurzelstücken zu verhindern.

Hat man ein Stück Wurzelholz in der benötigten Länge, so kann man es längs anschneiden und mit VA-Schrauben so vor eine L-Schiene aus grauem Hart-PVC schrauben, dass von der Schiene nichts mehr zu erkennen ist. Gibt es im Aquarium ausreichend Platz, kann man aus dem gleichen grauen Material einen Terrassenkasten mit Tangit (einem Spezialkleber) zusammenkleben („kaltverschweißen"), den man an der vorderen und seitlichen Oberkante mit einem verschraubten Stück Wurzelholz abschließt. Die untere Vorderfläche wird dann mit dem Kies und Hilfe von Silikonkautschuk beklebt, der auch den Boden im Aquarium bedeckt (Zeichnung). Gewiefte Bastler statten einen großen Terrassenkasten mit einem gesonderten Heizkabel aus.

Wohin mit der Technik?

Kleinere Aquarien, die mit einem Innenfilter ausgestattet sind, können dieses Gerät kaum verstecken, sondern höchstens hinter einer großen Pflanze verbergen. Auf diese Weise müssen auch eingebaute Innenfilter, wie sie Hersteller von Aquarienschränken zuweilen mitliefern, versteckt werden. Außenfilter werden ohnehin außerhalb des Aquariums untergebracht. Hier kommt es darauf an, den Überlauf richtig zu plazieren. Man kann ihn mit Hilfe von Schläuchen und Schlauchkrümmern bewerkstelligen oder einen inneren Überlauf schaffen, durch den dann das abfließende Wasser durch ein Rohr im Aquarienboden geleitet wird. Eine weitere Methode in größeren Aquarien besteht darin, eine innere Rückwand einzubauen, hinter der dann Raum für Heizer, Filter usw. ist.

Aquarienrückwände

Bei der Gestaltung der Rückwand sehen sich viele Aquarianer vor ein Problem gestellt. Eine Fotorückwand, von außen gegen die hintere Aquarienscheibe geklebt, erscheint ihnen möglicherweise zu flach, zu wenig plastisch, eine der neuen dreidimensionalen, diesmal nach innen verlagerten Rückwände ist ihnen zu kostenaufwendig und nimmt dem Aquarium zuviel Raum. Da wären zunächst einmal geschäumte Strukturplatten zu nennen, die der Handel anbietet. Sie sind einheitlich schwarz, etwa 1 cm dick und werden im noch trockenen Becken mit Silikonkautschuk von innen gegen die rückwärtige Scheibe geklebt. Man kann davor ein Wurzelstück plazieren oder sogar eine vorsichtige Bepflanzung mit Javamoos oder einem Javafarn vornehmen.

Eine innere Rückwand – ja oder nein?

Ich meine „ja". Klebt man zum Beispiel eine schwarze sogenannte Struktur-Rückwand (Juwel) mit Silikon Kautschuk (in trockenem Zustand) gegen die innere Rückscheibe, so können sich bestimmte Pflanzen darauf ansiedeln. Eine andere, die dreidimensionale Back-to-Nature-Rückwand ist wesentlich auffälliger, finanziell aufwendiger und nur für größere Aquarien mit größerer Tiefe (Breite) gut geeignet.

Wer die Wahl hat . . . muss sie nicht zur Qual werden lassen. Relativ neu sind innere Rückwände, wir sie der Handel seit Mitte der 1990er Jahre anbietet. Es handelt sich dabei um dreidimensionale, aus Polyuretan handgefertigte Einbauteile, die dem Aquarium in der Tiefe zwar Raum nehmen, in deren Zwischenräume man aber die Technik verstecken kann. Zusätzliche Module helfen, bestimmte Problemzonen in den Ecken auszukleiden. Merke: Ähnliches ist nicht dasselbe!

Die Einbauteile werden im trockenen Zustand seitlich voll in das Aquarium geklebt. Öffnungen für den Filterwasser-Zu- und Rücklauf müssen eingearbeitet werden. Wer ein Aquarium neu anschafft, sollte in diesem Fall kein Becken mit einer Normgröße wählen, sondern eines anfertigen lassen, dessen Tiefe (Breite) mehr Raum gibt, um auf diese Weise die Wirkung einer solchen Rückwand zu erhöhen.

Ein Blick in ein Aquarium mit einer schräggestellten Frontscheibe und innerer Rückwand (Modell „Amazonas", Programm „Back-to-Nature"), allerdings noch ohne Fische.

Geeignetes Einrichtungsmaterial

Über den Bodengrund wurde bereits berichtet. Holz und Steine sind die Materialien, mit deren Hilfe normalerweise eine Inneneinrichtung hergestellt wird. Wie schon erklärt, sorgen sich viele Fische nach dem Einsetzen zunächst einmal um ein geeignetes Versteck. Solche Plätze einzurichten, auch wenn sie nicht ständig gebraucht werden, gilt das vornehmliche Interesse.

Bei der Torfgewinnung sind Moorkienholz-Wurzeln, die im Torf eingebettet sind, ein Hindernis. Sie werden gesammelt und leider oft genug verbrannt.

Sollten Steine möglichst bunt sein?

Über Geschmack lässt sich bekanntlich nicht streiten – nur: In der Natur, also in den Lebensräumen der Fische, fand ich bunte Steine nie! Natürlich können die Farben von Steinen wie Bodengrund differieren, aber das geschieht meist nur in Grau-, Rostrot- und Brauntönen. Die Färbung vieler boden-nah lebender Fische passt sich einem hellen oder dunklen Boden in angemessener Weise an. Achten Sie auch auf die erwünschte Kalkarmut!

Über **Holz** wurde bereits in dem Zusammenhang berichtet, das Moorkienholz lange vor dem Einsatz im Aquarium gewässert werden muß, um die Lufteinschlüsse auszutreiben und es absinkt. Tropische Hölzer neigen dazu (nicht alle!), eine Zeitlang ihre huminreichen Farbstoffe an das Aquarienwasser abzugeben. Diese Hölzer benötigen eine entsprechend lange Vorbehandlung, und nur wer ein geschickter Bastler ist, findet einen Weg, den Auftrieb des Moorkienholzes in Kombination mit dem Beschweren durch Steine zu egalisieren. Holz ist ein organisches Material und sorgt im Aquarium für ein naturgleiches Milieu.

Bei **Steinen** darf man sich nicht in erster Linie von der Musterung, der Färbung oder der Form beeindrucken lassen. Vielmehr kommt es darauf an, welche Fische man pflegen möchte und welche Wasserqualität sie verlangen. Kalkhaltige Steine, die das Wasser aufhärten, sind zum Eintrag in ein Weichwasseraquarium, in dem zum Beispiel Fische Amazoniens gepflegt werden sollen und die Pflanzen mit CO_2 versorgt werden, ungeeignet. Kalkhaltiges Lochgestein kann man dagegen in härterem Wasser, in welchem zudem ein höherer pH-Wert vorherrscht und nicht mit Hilfe von CO_2 versucht wird, den pH-Wert zu drücken, problemlos einsetzen. So kennen wir das von den Becken vieler Cichlidenfreunde, die Fische aus den zentralafrikanischen Seen (Malawi- und Tanganjikasee) pflegen.

Reihenfolge der Einrichtung

Noch vor dem Einbau der Bodenheizung soll man sich darüber klar sein, ob eine Terrasse für tieferwurzelnde größere Pflanzen zu berücksichtigen ist. Soll ein Terrassenkasten installiert werden, so könnte man ihn mit einem separaten Heizkabel ausstatten, das Kabel aber notfalls auch darum herumführen. Ist schließlich auch der Einbau der gesamten Bodenheizung erfolgt, wird diese mit dem Bodengrund in der gewünschen Zusammenstellung abgedeckt. Dabei sollte eine Schicht von rund 5 cm gewählt werden. Je nach Aufbauplan müssen nun die verschiedenen technischen Geräte (gegebenenfalls auch ein Heizstab) eingesetzt werden.

Da Steine ① für den Einbau der Höhlen und Verstecke unterschiedlich schwer sind und nicht auf beweglichem Grund stehen, andererseits aber auch nicht die Heizkabel punktuell zu sehr belasten sollen, ist es empfehlenswert, mit ein, zwei Fingern den Auflagepunkt zu prüfen und schwere Steine möglichst direkt auf der Bodenplatte zu plazieren. Da viele Fische gern wühlen, könnte anderenfalls der sichere Stand eines Steinaufbaues ins Wanken geraten. Wurzeln, die bereits vorgewässert sind, aber noch nicht völlig selbständig abtauchen, kann man mit Hilfe einer Deko-Nylon- bzw. Angelschnur an einen schwereren Stein binden, der dann beide am Boden hält.

Jetzt kann das Wasser voll oder halbvoll eingelassen werden. ≠ Um ein Verwirbeln des Grundes auszuschließen, lässt man den nicht zu starken Strahl zunächst in ein Gefäß fließen (Schüssel, Weithalsflasche, kleine Plastikplane), von dem aus es sich dann im Aquarium verteilt.

Jetzt wird für die weitere Besetzung Licht benötigt. ③ Die Abdeckleuchte wird aufgesetzt und (je nach Konstruktion) hochgeklappt. Sind über dem Aquarium Hängeleuchten angebracht, wurden diese bereits vorher fest installiert und können nun zunächst mit Hilfe der mitgelieferten Zugvorrichtung hochgezogen und auch bereits in Betrieb genommen werden.

Nach dem vorbereiteten Pflanzplan werden nun die bereitgestellten und gegebenenfalls desinfizierten Pflanzen sortiert und wie geplant eingesetzt. ④ Dabei ist darauf zu achten, dass zu lange Wurzeln eingekürzt und jede Pflanze für sich ohne Abknicken senkrecht in ein vorbereitetes Bodenloch gegeben wird. Damit ist der erste Teil der Einrichtung beendet. Nach „Einlaufzeit" (s.S. 48) können nun auch die Fische ∞ eingesetzt werden.

Prüfung des Kalkgehaltes

Man gibt auf den zu prüfenden Stein einige Tropfen Salzsäure oder (einfacher noch) Entkalker, wie man auch im Haushalt für die Kaffeemaschine oder das Bügeleisen verwendet. Bilden sich daraufhin Schaumblasen auf dem Stein, so ist seine Eignung für ein Weichwasseraquarium nicht gegeben.

Am häufigsten wird für Aquarien-Steinaufbauten Quarzgestein verwendet. Quarz ist ein wichtiger Bestandteil von Graniten, Gneisen und Schiefern. Auf der Tabelle der Härtestufen (von 1 bis 10) nimmt der Diamant die Stufe 10 ein, Quarz aber bereits die Stufe 7. Der in der Aquaristik häufig verwendete Taunusschiefer gehört ebenso dazu wie der Schwarze Schiefer (nicht Ölschiefer!), mit dem man früher die meisten Häuser bedeckte. Mit den kalkfreien Gesteinen dieser Gruppe lassen sich hervorragende aquaristische Aufbauten erstellen.

Probelauf und Einlaufzeit

Alles im Aquarium sieht gut aus und die Lampen verbreiten ihr lebenspendendes Licht. Mit den Pflanzen ist auch bereits ein wenig Leben ins Becken gekommen. Allerdings muss man mit dem Einsetzen der Fische noch warten, bis die Einlaufzeit von 2 bis 3 Wochen Dauer vorüber ist. Was ist das – Einlaufzeit?

Während dieser Zeit soll erstens die Funktion von Heizung und Filter geprüft (das Wasser wird dabei restlos geklärt), zweitens den Wurzeln Zeit zum Einwachsen gegeben werden und schließlich sollen sich im Filtermedium wie auch im Bodengrund die ersten Bakterienstämme bilden und vermehren. Sie tragen später dazu bei, organische Abfallprodukte über Ammoniak und Nitrit zu Nitrat ab- bzw. umzubauen. Werden die Fische zu früh eingesetzt und im Boden und Filter haben sich noch nicht genügend leistungsfähige Bakterienkolonien ansiedeln können, die das Ammoniak über Nitrit zu Nitrat weiteroxidieren, so gibt es in der Entwicklung einen Stau. Er kann es im schlimmsten Fall zur tödlichen Ammoniakvergiftung führen. Um die Bakterienvermehrung zu unterstützen, kann man das Wasser mit gebrauchtem Filtermaterial (z. B. einem Bausch von Perlonwatte) „impfen".

Tägliche optische und die folgende Kontrolle

Der erster Blick nach dem Aufstehen muss in den ersten Tagen dem Aquarium gelten. Dann soll die Schaltuhr den Betrieb der Lampen bereits eingeschaltet haben, um die Sache zu erleichtern. Schon der erste Blick ins Aquarium lässt erkennen, ob irgendetwas nicht funktioniert.

Unterhält man sich gelegentlich mit einigen aquaristisch Unwissenden, so glauben diese, dass es viel Arbeit macht, ein Aquarium ordentlich zu unterhalten. Aquaristik zu betreiben ist im Zeitalter der Computer und sonstiger High-Tech-Möglichkeiten auch dann nicht schwierig, wenn man auf all die modernen Zutaten verzichtet. Eines der hilfreichsten Instrumente aus dieser Gruppe (und dennoch das preiswerteste) ist eine elektrische Schaltuhr, mit der man den Fischen im Aquarium naturgerecht die Illusion eines tropischen Sonnentages vorgaukeln kann. Ansonsten tun die wenigen hier vorher angesprochenen technischen Hilfsmittel Heizung und Filter ihren Dienst. Sie kannten bereits unsere Großväter und sie sind also nicht neu – höchstens durch ihre moderne Konstruktion komfortabler. Welche Arbeit bleibt nun noch für den Aquarianer übrig?

Wartung am Wochenende

Der regelmäßige Teilwasserwechsel

Was den Fischen gut tut, sollte man nicht auf die „Lange Bank" schieben und von vornherein fest in den Wochenendplan einkalkulieren. Mit ein wenig Voraussicht kann man diese Arbeiten auf ein Minimum an zeitlichem Aufwand einplanen. Der Austausch von $^1/_4$ bis $^1/_3$ des Wasser soll so durchgeführt werden, dass der Bodengrund nicht aufgewirbelt wird. Bei oder während dieser Arbeit können dann auch überlange Triebe an den Pflanzen gekappt oder Adventivpflanzen neu eingesetzt werden. Eine Arbeit, die keinem Naturfreund Verdruss bereiten sollte.

Gerätekontrolle

Auch zur Kontrolle der technischen Geräte braucht man nicht viel Zeit. Man sollte jedoch nicht warten, bis sich ein Fehler zeigt – meist Samstags, wenn die Geschäfte bereits geschlossen haben! In den vielen Jahren, in denen ich mich um das Wohl meiner Fische zu kümmern hatte und noch habe, gab es zuweilen derartige Pannen, weshalb ich von den wichtigsten Ersatzteilen oder ganzen Geräten immer einige vorrätig habe, um sie gegebenenfalls in Aktion treten zu lassen. Ein Hinweis für die Interessenten sogenannter Two-in-One-Geräte: Hat man zum Beispiel eine Filterpumpe mit eingebauter Heizung, so muss man damit rechnen, dass, hat die Pumpe einen Defekt, man damit zwangsläufig auch die Heizung zur Reparatur weggeben muss. Gute Handwerker, die in jedem Fall einen Ersatz-Heizstab oder einen kompletten Reparatur-Set greifbar haben, kann sowas natürlich nicht berühren.

Der regelmäßige Teilwasserwechsel

Es reicht für einen Teilwasserwechsel nicht aus, verdunstetes Wasser nachzufüllen, sondern es soll ein bestimmter Teil (20 bis 30 Prozent) des Wassers wöchentlich (berechnet auf den normalen Wasserstand) ausgewechselt werden. Dabei sei darauf hingewiesen, dass beim Verdunstungsprozess immer nur das Destillat verdunstet – also nicht die Salze. Sie verbleiben im Aquarienwasser und werden erst mit dem Teilwasserwechsel in der gewechselten Menge entfernt. Wer immer nur verdunstetes Wasser nachfüllt und zwar nicht mit Destilliertem, der erhöht nach und nach den Salzgehalt des gesamten Aquarienwassers.

Messmethoden und Messpraxis

Zunächst sollen hier einmal die Methoden beschrieben werden, nach denen man die Messwerte ermittelt. Im aquaristischen Fachhandel kann man für die gewünschten Wasserprüfungen sogenannte Testsets erwerben. Ein solcher einfacher Test beruht auf dem Prinzip der Tritation. Hierbei setzt man einer Wasserprobe so lange tropfenweise Messlösung zu, bis ein Farbumschlag eintritt. Die Menge der verbrauchten Lösungstropfen gibt die Konzentration des gemessenen Stoffes wieder. Eine andere Möglichkeit ist, die Wasserprobe nach dem Prinzip der Colorimetrie zu messen: Hier gibt man zu einer Wasserprobe ein Reagenz. Es führt eine Reaktion herbei, die je nach Konzentration des gesuchten Stoffes ihre Farbe ändert. Die ermittelte Farbe muss nun mit der einer mitgelieferten Farbkarte verglichen und so kann das ermittelte Ergebnis abgelesen werden.

Genauer ist es, die Wasserwerte mit Hilfe elektronischer Messgeräte festzustellen. Sie müssen vor dem ersten Einsatz und auch später regelmäßig geeicht werden, um zu einer korrekten Messung zu gelangen. Solche Geräte sind klein und praktisch, weil die Werte meist digital abgelesen werden können.

Wer sich und seinen Pfleglingen Gutes tun will, der schließt in seine aquaristischen Arbeitsabläufe regelmäßige Kontrollen dieser Art ein. Während der „Einlaufphase" nach einer Neueinrichtung sind tägliche Messungen angebracht. Später kann man sie in die Wochenendarbeit einbeziehen. Korrekte Aquarianer führen über ihre Messergebnisse Buch, um auf diese Weise einen Überblick über die Entwicklung des Aquarienwassers zu erhalten. Viele Werte sind tageszeitabhängig. Der Sauerstoffgehalt ist am Abend am höchsten, der CO_2-Gehalt am geringsten. Am Morgen ist es dann umgekehrt. Da der pH-Wert vom CO_2-Gehalt mit beeinflusst wird, hängt auch dieser von der Zeit des Messens ab. Folglich soll man sich zum Messvorgang immer auch die Uhrzeit notieren oder (besser) Messungen immer zur gleichen Zeit vornehmen.

Den pH-Wert messen

Nach getaner Wochenarbeit und durchgeführtem Teilwasserwechsel ist die beste Zeit gekommen, einmal grundsätzlich die gewünschten Wasserwerte zu kontrollieren. Natürlich gibt es Instrumente für Dauertests, bei denen die eingetauchte Mess-Elektrode ständig untergetaucht bleibt und auf diese Weise der Ist-Wert sogleich ablesbar ist. Es gibt sogar Messcomputer, auf deren Display man zugleich nicht nur alle Werte ablesen, sondern die diese Werte bei Bedarf auch in die gewünschte Richtung steuern und verändern können. Nun, aber auch hier gilt die Tatsache: Je höher der Anspruch, um so höher der Preis.

Foto: Pisces, Japan

Wie entfernt man Nitrat (NO_3^-) einfach und problemlos?

Nitrat ist die Endstufe im Kreislauf der stickstoffhaltigen Verbindungen. Je weniger häufig ein Teilwasserwechsel im Aquarium durchgeführt wird, um so höher steigt der Nitrat-Pegel an. Ein hoher Pflanzenbestand hält dagegen den Nitrat-Pegel in Grenzen. Nitrat-Ionen lassen sich nur sehr schwer durch Kunstharze oder Ähnlichem aus dem Aquarienwasser entfernen. Am preiswertesten ist ein häufiger Teilwasserwechsel, weil auch das heimische Wasserwerk unser (immer noch) preiswertester Helfer bei der Wasserreinigung ist.

Phosphatverbindungen

Wir Aquarianer haben uns angewöhnt, verschiedene Werte auf unterschiedliche Weise zu messen. Dabei wird in vielen Fällen vernachlässigt, auch den Phosphatgehalt zu messen bzw. Messreagenzien einzusetzen. Wenngleich man das Phosphat (PO_4^-) als für Tiere und Pflanzen unentbehrlich ansieht, so genügen für sie jedoch nur geringste Mengen, um ihren Bedarf zu befriedigen. Deshalb sollen Düngestoffe für die Aquarienpflanzen grundsätzlich phosphatfrei sein, denn bereits bei 0,1 mg/l fängt der Bereich der Überdüngung an, und ein derart überhöhtes Phosphatvorkommen ist der Nährstoff für reichen Algenwuchs, den keiner liebt. Bei Proben südamerikanischer Gewässer, soweit sie auf meine Veranlassung erstellt wurden, waren Phosphatwerte entweder nicht nachzuweisen oder sie tendierten in Bereichen um die Hundertstel mg/l. Im Aquarium stellen wir bei überhöhten Werten ein starkes Wachstum von Bart-, Blau- und Pinselalgen fest sowie gelegentlich auch eine Algenblüte. Wenn dann der Pfleger verzweifelt nach Abhilfe sucht und man den Phosphatgehalt seines Wassers misst, stellen sich bei Tests nicht selten Gehalte von 10 mg/l und mehr heraus. Es genügt also nicht, sich ausschließlich um den Nitratwert zu kümmern, denn auch Phosphate reichern sich im Rahmen der Zersetzung von nicht gefressenen oder auch verdauten Nahrungspartikeln an. Das ist auch der Grund dafür, dass normaler Gartendünger nichts im Aquarium zu suchen hat, weil darin ein viel zu hoher Phosphatanteil enthalten ist.

Ammoniakvergiftung

Ammoniak und Ammonium stehen zueinander in Beziehung. Sind die pH-Werte im Aquarium zu hoch, kann sich überschüssiges Ammonium wieder in giftiges Ammoniak zurückverwandeln. So kann es bei pH 8 zu Konzentrationen von 4%, bei pH 9 zu 25 % und bei pH 10 gar zu 75% freiem Ammoniak kommen. Bereits die erstgenannten 4% sind für die Fische schon als akut gefährlich anzusehen!

Die wichtigsten Fischkrankheiten • kleine Diagnose- und Therapie-Tabelle

Diagnose	Ursache	Therapie	Anmerkung
Flossenklemmen, griekornartige Punkte und Knötchen, schleimartige Trübungen, Verblassung der Farben, Flossenzerstörung: ***Ichthyophthirius***	Durch ein Wimpertierchen hervorgerufene, nur durch Dauerbäder ausrottbare Krankheit. Nach dem Bad aller Mitbewohner im Pflegeaquarium Wasser in mehreren Schüben austauschen oder über Kohle filtern.	Der Zoofachhandel bietet verschiedene Fabrikate erprobter Heilmittel an. Sie müssen aber so schnell wie möglich verabreicht werden, weil die Krankheit sehr ansteckend ist und schnell alle übrigen Fische im Becken befällt.	Die Krankheit gehört zu den häufigsten in unseren Gesellschaftsaquarien. Sie wird mit dem Zusatz neuer Fische eingeschleppt. Ein vorsichtiger Aquarianer hat deshalb immer vorbeugend ein Mittel zur Bekämpfung im Haus.
Flossenklemmen, Fressunlust, Scheuern, ruckartiges Schwimmen, samtariger Belag auf den Flossenrändern: ***Oodinium pillularis***	Erkrankung durch Geisseltierchen, Dinoflagellaten, deren Entwicklung durch niedrige Temperaturen gehemmt wird.	Eine Oodinium-Infektion kann sich über Wochen hinziehen. Erhöhung der üblichen Temperatur auf etwa 28 bis 30 °C über 2 bis 3 Tage. Dauerbad mit Chinin (1 g auf 100 l Wasser im Dauerbad über 3 Tage).	Der Dinoflagellat erreicht in seinem parasitären Stadium am Fisch eine Größe von mehr als 100 µm und ist daher mit bloßem Auge nur sehr schwer zu erkennen. Befallen werden äußerlich Schleinhaut und Kiemen.
Fressunlust, Hocken am Boden, Schaukeln, Abmagerung, Geschwüre, farbzerstörende Flecke, blutunterlaufene Stellen, bläulichweiße Trübungen: **Fischtuberkulose**	Tuberkulose wird von bestimmten (Myko-)Bakterien verursacht, die in jedem Aquarium vorkommen. Sie breiten sich besonders beim Vitaminmangel oder einem anderen Schwächezustand eines Fisches aus. Äußere Anzeichen sind von Art zu Art verschieden.	Man soll versuchen, die Ursache der Schwächung festzustellen und diese abstellen, denn die Erkrankung kann mit vielen Begleitumständen verbunden sein. Sind die Symptome bereits weit fortgeschritten, dass sich Geschwüre etc. gebildet haben, so sind die Tiere aus dem Aquarium zu entfernen und abzutöten.	Fischtuberkulose ist eine schleichende Erkrankung. Sind erst die genannten Merkmale deutlich erkennbar, ist die Krankheit meist soweit fortgeschritten, dass der Fisch nicht mehr zu retten ist. Dem äußeren Bild der Erkrankung stehen dann bereits innere Schäden an Organen gegenüber, die den Gesamtschaden noch verschlimmern.
Flossenklemmen, Schaukeln, Kopfstand, Entzündungen der Kiemen: **Vergiftung**	Erkrankung und Vergiftung aber auch gemeinsame Ursachen haben. Die Schwierigkeit liegt im richtigen Erkennen. Änderungen im Verhalten jedes Tieres, Dunkelfärbung oder Verblassen der Farben und das bekannte Klemmen der Flossen sind immer Zeichen für Unwohlsein.	Hier heißt es, die Ursache zu finden und ihre Wirkung abzustellen. Wer Einbauten selber herstellt (zum Beispiel ungeeignete Kleber verwendet), kann damit das Gift ins Aquarium gebracht haben. Falscher pH-Wert, unangemessene Wärme oder Kälte des Wassers und Mangel an Sauerstoff können zu Störungen des Gleichgewichtsorganes des Gehirns oder der Schwimmblase führen.	kleine Fehler machen, die sich einzeln noch nicht bemerkbar machen, weil die Abwehrkräfte des Fisches sie egalisieren. Kommt es jedoch zu einer Häufung, so reichen die Kräfte der Fische nicht mehr aus. Der Pfleger muss die Ursachen erkennen und sie durch schnelles Eingreifen zu beheben versuchen.

Wenn ein Fisch erkrankt

Wer seine Fische öfters genau betrachtet, dem kann es passieren, dass er eines Tages ein ungewöhnliches Verhalten oder äußere Veränderungen feststellen muss. Leider sind nicht alle Fische im Wasser stets so gesund wie es das Sprichwort sagt. Keime für Erkrankungen tragen viele Fische in sich, und nur wenn ein Tier oder eine ganze Gruppe durch unsachgemäße Haltung geschwächt wird, gibt das den Erregern Gelegenheit, sich auszubreiten und den Ausbruch einer ernsthaften Erkrankung einzuleiten.

Obacht zu geben beginnt bereits beim Einkauf (vgl. Hinweis Seite 75). In der Folge ist für Anfänger eine kleine Tabelle beigegeben, an der ich Diagnose und eine mögliche Therapie zu erklären versuche. Versuchen Sie aber bitte nicht, selber Arzt und Diagnostiker zu spielen, und behandeln Sie Fische weder auf Verdacht, noch wenden Sie Medikamente an, die Sie nicht kennen!

Unbeliebte Gäste: Algen und Parasiten

Es gibt Algen in mehr als 30.000 Arten, die sich in unterschiedlichen Formen zeigen, dabei meist höhere Pflanzen überziehen und sie mit der Zeit sogar tödlich vergiften können. Einige Algen enthalten Gifte, wie etwa die Grünalge *Cladophora,* die feine, aber kräftig rankende und verzweigte Fäden hervorbringt, mit denen sie ein Netz über die Pflanzen legen. In ihren Zellen haben sie ein Gift entwickelt, das „ihre" Pflanze zum Absterben bringen kann. Ob hier ein naheliegender Vergleich mit der Würgefeige angebracht ist, muß jeder selber entscheiden.

Algen stellen untereinander keine verwandtschaftlich-systematische Einheit dar, sondern sind in Abteilungen aufgeteilt. Da sie auch über Chlorophyll verfügen, besitzen sich auch die Fähigkeit zur Fotosynthese. In der Aquaristik unterscheiden wir generell vier Algenarten: Blaualgen, Rotalgen, Kieselalgen und Grünalgen.

Algen können viel Ärger bringen

„Algen verderben mir die Freude an der Aquaristik!" sagte einmal einer zu mir. Sie können auf vielen Wegen eingeschleppt werden — Vorbeugen ist nahezu aussichtslos! Algen sind auch Wasserpflanzen, nur ist ihre Konstruktion, ihr Aufbau anders gestaltet. Es gibt viele Arten mit unterschiedlichen Ansprüchen. Sie konkurrieren im Aquarium mit den höheren Pflanzen um Nahrung. Eine einseitige Bekämpfung ist deshalb nicht einfach.

Blaualgen (Cyanophyta)

sind kleine unverzweigt fädige Organismen von blaugrüner bis schwarzer Färbung. Ihr Chlorophyll ist durch andere gallertartige Stoffe überdeckt, die „schmierig" erscheinen und zuweilen einen unerklärlichen Geruch aufkommen lassen. Man hat ihnen deshalb auch den Namen Schmieralge gegeben. Sie überziehen mit ihrem Belag nicht nur Pflanzen, sondern auch Einrichtungsgegenstände, vor allem solche anorganischen Ursprungs. Auch algenfressende Fische scheinen an ihr keinen Geschmack zu finden.

Rotalgen (Rhodophyta)

können, wie ihr Name schon angibt, von roter, rotbrauner oder auch violetter Färbung sein. Eine der bekanntesten Vertreterinnen, die sich kaum aus dem Aquarium, bestenfalls durch algenverzehrende Fische

Neue Aquarienpflanzen desinfizieren!

Ganz gleich, woher die neuen Pflanzen kommen: Mit ihnen können Sie vor allem unerwünschten Schneckenlaich in Ihr Aquarium schleppen. Die Praxis hat gezeigt, dass auch eine vorbeugende Desinfektion nur eine bedingte Wirkung hat. Schnecken tauchen nach einiger Zeit „automatisch" in einem neuen Becken auf. Neue Pflanzen kann man bis zu 30 Minuten in einer Lösung mit Kaliumpermanganat (apothekenfrei) baden ($\frac{1}{2}$ Teelöffel auf 1 Liter Wasser).

vertreiben lässt, sind die Bart-, Pelz- und Pinselalgen (*Compsopogon*). Sie setzen sich auf Scheiben und Steine, bevorzugt siedeln sie sich aber an den Rändern von Pflanzenblättern an, von denen sie sich nur sehr schwer entfernen lassen. Die Siamesische Rüsselbarbe *Crossocheilus siamensis* (früher *Epalzeorhynchos s.*) scheint der Bartalge den meisten Geschmack abzugewinnen und kann (in Grenzen) zur Bekämpfung eingesetzt werden.

Kieselalgen (Bacillariophyta)

sind von gelbgrüner bis brauner Färbung. Sie leben auf Unterlagen wie dem Glasboden, auf Steinen und Pflanzen kriechend und treten hier meistens als schmieriger Belag auf. Sie lassen sich relativ leicht abwischen, sind aber meist schon am darauffolgenden Tag wieder da. Nährstoffreiches Wasser (Phosphat) ist für ihre Vermehrung verantwortlich.

Grünalgen (Chlorophyta)

sind häufig Planktonorganismen des Süßwassers (z. B. *Chlamydomonas*). Ihr Massenauftreten führt zur sogenannten Algenblüte und damit zur Grünfärbung des Wassers, die sich mit dem Einsatz von UV-Licht bekämpfen lässt. Auch hierbei ist ein hoher Phosphatanteil im Wasser die Ursache für die starke Vermehrung. Die in Meerwasseraquarien zuweilen beliebte *Caulerpa* und verwandte Arten gehören auch den Grünalgen an. Bestimmte Grünalgenarten überziehen ein Aquarium mit einem Gespinst feiner Fäden, die sich leicht mit einem längeren Holzstäbchen aufwickeln lassen. Andere erscheinen anfangs als scheinbar attraktive Polster. Einer Entfernung widersetzen sie sich allerdings hartnäckig.

Algenbekämpfung

ist in beinahe jedem Fall ein schwieriges Unterfangen, weil sich leider keine allgemeingültigen Bekämpfungsvorschläge anbieten lassen. Gegebenenfalls sind Algen recht anpassungsfähig. Zur biologischen Bekämpfung kann man verschiedene Fischarten einsetzen. Das sind neben der bereits erwähnten Siamesischen Rüsselbarbe die Siamesische Saugschmerle *Gyrinocheilus aymonieri* wie auch kleine Antennenwelse der Gattung *Ancistrus*. Weitere Hilfen sind mit vorbeugenden Maßnahmen zu erreichen (niedriger Nitrat- und Phosphatgehalt) und Absenkung des pH-Wertes, gegebenenfalls mit Hilfe von CO_2. Bei der Beleuchtung des Aquariums muss festgestellt werden, dass Lampen mit einem verstärkten Anteil an roten oder blauen Spektren auch algenfördernd sein können. Von derartigen Experimenten soll man daher Abstand nehmen. Bei der chemischen Bekämpfung, die von vielen als Tabu angesehen wird, muß man berücksichtigen, dass Algen auch Pflanzen sind — wenn auch primitive und man, wenn man sie im Übermaß bekämpft, auch die höheren Pflanzen schädigen kann.

Parasiten

schleppt man häufig mit dem Futter ein. Wer an einer falschen Stelle „tümpelt", seine Futtertiere also aus irgendwelchen unkontrollierten Gewässern wie Stadtteichen entnimmt oder auch Aquarienpflanzen aus unsauberen fremden Aquarien übernimmt, läuft Gefahr, Blutegel (Hirudinae), Platt- oder Scheibenwürmer (*Planaria*) wie auch Süßwasserpolypen (Hydrozoa) einzuschleppen. Sie können sich an geschwächten Fischen vergreifen, die letzten besonders an der Fischbrut. Darüber hinaus sieht es hässlich aus, wenn sie in größeren oder kleineren Zahlen die Aquarienscheiben bevölkern. Es gibt keine Fische, die sie auf Dauer fressen und damit für immer aus dem Aquarium entfernen könnten – auch wenn verschiedene Aquarienfreunde anderer Meinung sein sollten. Hierzu hilft nur ein vollständiges Ausräumen des Aquariums mit anschließender Desinfizierung aber auch jeden Gegenstandes der mit dem Beckeninneren zusammengekommen war.

Leben mit Aquarienschnecken

Von den ungezählten Schnecken (Gastropoda) unserer Erde interessieren aquaristisch die Süßwasserbewohner die Gattungen *Ampullaria, Melanoides, Planorbis, Viviparus* – und neuerdings *Neritina* (Foto).

Neuerdings eingeführte algenverzehrende Süßwasserschnecken wie diese Zebraschnecke (Neritina zebra) stammen von den Philippinen.

Oft werden vom Handel fälschlich Sumpfdeckelschnecken (ohne
Schnorchel) als Apfelschnecken
(mit Schnorchel) angeboten.
Die ersten können farblich sehr
unterschiedlich sein.

Apfelschnecken stammen aus dem Süden Südamerikas und lassen sich an ihrem Schnorchel erkennen.

Ampullaria-Arten

Apfelschnecken tragen normalerweise ein hornfarbenes, dunkel gebändertes Gehäuse. Nebeneinander angeordnete Kiemen und Lunge ermöglichen den Tieren ein amphibisches Leben. Zudem können die Tiere mit einem langen, ausstülpbaren Atemrohr direkt atmosphärische Luft „schnorcheln", weshalb man diese Schnecken mit Recht als interessante Aquarienbewohner einstufen kann. Trotz guter Fütterung mit vegetarischer Kost (gespülte Salatblätter) kann es aber vorkommen, dass sie sich an zarten Blättern von Aquarienpflanzen vergreifen. Apfelschnecken pflanzen sich im Aquarium meist willig fort, indem sie ihre weißen oder rötlichen Eipakete oberhalb des Wasserspiegels anheften (in ihrem natürlichen Lebensraum tun sie das an Schilf- oder anderen Pflanzenstielen).

Sumpfdeckelschnecken *(Viviparus)*

Sumpfdeckelschnecken haben ein rundlichkegelförmiges Gehäuse, das braun gebändert und mit einem Deckel verschießbar ist, wodurch sie dem einer Apfelschnecke ähnlich sehen können. In letzter Zeit werden aber auch Tiere mit andersfarbigen (gelben, blauen) Gehäusen eingeführt und alle fälschlich als „Apfelschnecken" angeboten. Sie verfügen jedoch über keinen „Schnorchel" und sind mit den südamerikanischen (meist aus Argentinien eingeführten) *Ampullaria*-Arten nicht vergleichbar.

Indische Turmdeckelschnecken (*Melanoides tuberculata*)

Turmdeckelschnecken sind ausgesprochene Nachttiere, woraus sich wohl auch auf ihre geringe Popularität schließen lässt.

Tagsüber pflügen sie den Bodengrund durch, wobei sie natürlich den Pflanzen nutzen. Die Tiere sind lebendgebärend. Sie können nur in nicht zu weichem Wasser leben, da sie Kalk zum Bau ihres Gehäuses benötigen.

Gibt es bei der Verfütterung fleischlicher Kost einen von den Fischen nicht gefressenen Überschuss, so wird er während der Dunkelheit eine Beute dieser Schnecken. Häufige Zusatzkost dieser Art kann zu einer schnellen unüberschaubar hohen Zahl der Vermehrung führen. Schauen Sie einmal zwei Stunden nach dem Abschalten des Lichts auf den Boden ihres Aquariums (Taschenlampe).

Dabei können Sie feststellen, wie viele dieser Schnecken ihr Becken bevölkern.

Verlauf von Schneckenfraß an einem Barclaya-Blatt.

Kugelfische wie dieses Weibchen von *Carinotetraodon lorteti* lieben es, Schnecken zu fressen.

Rote Posthornschnecken (*Planorbis corneus*)

können bis über 3 cm groß werden. Sie wurden bereits in aquaristischer Urzeit, als das Wasser der Becken noch nicht geheizt wurde, gern gepflegt. Gelegentlich trifft man sie aber auch heute noch vereinzelt in Aquarien an.

Spitzschlammschnecken (*Lymnaea stagnalis*)

ist die bekannteste Art unter den Schlammschnecken. Man kann sie nicht kaufen, sondern schleppt sie gelegentlich als Jungtiere mit dem Futter ein. Die Tiere ernähren sich überwiegend von Pflanzen und führen diese Nahrungsaufnahme auch im Aquarium fort. Man muß sie bekämpfen, was zunächst einmal durch absammeln geschehen kann, jedoch vermehren sich die Schnecken oft schneller, als solche Aktionen greifen können.

Schneckenbekämpfung

kann ein „zweischneidiges Schwert" sein, denn chemische Bekämpfungsmittel wirken gegen alle Schnecken. Bekanntlich ernähren sich Kugelfische vieler Spezies hauptsächlich von Schnecken und sind dazu mit einem besonders starken Gebiss ausgestattet. Nur wissen die Kugelfische nicht zwischen erwünschten und unerwünschten Schnecken zu unterscheiden. Machen sie sich zum Beispiel an eine Apfelschnecke heran, so zerbeißen sie den Gehäuseeingang und fressen einen Teil ihres Fleisches. Der Rest verdirbt und verpestet das Wasser. Man muß also vor einer Kugelfisch-Aktion (höchstens zwei Tiere) die Apfelschnecken entfernen. Sind alle Schnecken verzehrt, leiden die Kugelfische an Nahrungsmangel. Wer Mitglied eines Aquarienvereines ist, kann sie dann vorübergehend einem Vereinsfreund zur Schneckenbekämpfung überlassen.

Was geschieht während des Urlaubs?

Die Menschen in unserem Land machen nicht nur Urlaub, wir sind sogar „Reiseweltmeister"! Wer ein großes Aquarium besitzt, sollte schon einige Vorbereitungen treffen, ganz gleich, ob ein Verwandter oder Bekannter nach den Fischen sieht oder nicht. Je nach geplanter Länge des Urlaubs ergibt sich folgende Situation:

Ob Sie nun in der Lage sind, eine Person Ihres Vertrauens (die aber auch über einfache aquaristische Kenntnisse verfügen sollte) mit der Aufsicht über Ihr Aquarium zu betrauen, ist die eine Sache. Es bieten sich drei Möglichkeiten an:

Darüber hinaus sollten Sie für einen außergewöhnlichen Notfall die Telefonnummer eines entfernter lebenden Aquarianers oder Fachhändlers notieren, um schlimmstenfalls auf diesem Wege Rat einholen zu können. Normalerweise wird aber alles nicht so heiß gegessen wie es gekocht wurde, und so sollten Sie sich nicht mit bösen Gedanken an Ihr Aquarium den Urlaub vermiesen lassen.

Normalerweise haben die Aquarienbewohner einen von der Zeituhr bestimmten Tagesablauf, bei dem sich höchstens die Futtergabe verschieben kann. Wenn man in Urlaub fährt, soll man jeden Bestandteil dieser aquaristischen Einrichtung rechtzeitig (!) überprüfen und auf diese Zeit der Abwesenheit vorbereiten. Zu diesem Zweck habe ich zum Beispiel für meine Bedürfnisse die folgende Checkliste verfasst:

- Bei Abwesenheit bis zu drei Wochen keine Fütterung.

- Zieht sich die Abwesenheit über mehr als drei Wochen hin, so sollte man eine sparsame Fütterung mit Hilfe eines Futterautomaten vorsehen, die dann auch bereits nach der zweiten Woche ihren Dienst verrichten könnte. Dabei lässt sich natürlich keine Tiefkühlnahrung verfüttern, wohl aber können abwechselnd trockenes Flockenfutter und Futtertabletten gereicht werden. Es ist darauf zu achten, dass der Futterautomat in der Ruhephase so dicht wie möglich geschlossen ist, um eine Anfeuchten und damit eine Verklumpung der Flocken zu vermeiden. Füttern Sie Panzerwelse mit (wenigen!) Futtertabletten.

- Handelt es sich bei Ihrer Vertrauensperson um einen Aquarianer, so erübrigt sich jeder weitere Hinweis. Ist er es nicht, so sollten Sie ihr einen Pflegeplan erstellen. Verfügen Sie über mehrere Becken so sollte jedes mit einer Nummer versehen werden, die dann mit detaillierter Anweisung im Plan erscheint.

Checkliste der aquaristischen Urlaubsvorbereitung

Technik

Ein/zwei Wochen vorher die Funktionen aller Geräte sowie die Haussicherungen für den Strom genau überprüfen, nötigenfalls Ersatzteile beschaffen und Reparaturen ausführen (lassen).

In der Woche vor der Abreise Filter reinigen und dabei darauf achten, dass keine Bakterienkulturen durch heißes Wasser oder sonstige falsche Handhabung abgetötet werden.

Deckscheiben von Veralgung befreien, damit mehr Licht ins Aquarium fällt.

Lichtschwache Lampen und Röhren zwei bis drei Wochen vor der Abreise gegen neue eintauschen.
Nicht später, um negative Folgen im Auge zu haben.

Wasser

Etwa 10 Tage vor Abreise rund 50 % des Beckenwassers erneuern, in den Tagen darauf mehrere Male die neu eingespielten Werte überprüfen und gegebenenfalls Korrekturen vornehmen. Dabei Mulm absaugen. Dieselbe Prozedur unmittelbar eine oder zwei Wochen vor Antritt des Urlaubs wiederholen.

Nach dem letzten Wasserwechsel die Qualität des Wassers (Gesamthärte, pH-Wert und beim Einsatz von Kohlendioxid-Düngung auch die Karbonathärte) durch Messung überprüfen.

Die im Aquarium als „normal" geltende Wassertemperatur während der Abwesenheit um 2 bis 3 °C absenken, was dazu beiträgt, den Stoffwechsel der Aquarienbewohner ebenfalls zu verringern.

Fische

Fischbestand überprüfen und nötigenfalls reduzieren (überzählige Tiere verschenken), um eine zu starke Wasserbelastung zu vermeiden. 4 Wochen vorher keine neuen Tiere dazusetzen.

Eine oder zwei Wochen vor Urlaubsantritt die Fische mit qualitativ hochwertiger Nahrung (darunter auch Lebendfutter) versorgen, so dass die Tiere sich ein „Kraftpolster" für die mageren Tage zulegen können.

Während des Nichtfütterns gibt es im Aquarium noch eine Menge Nahrung unterschiedlicher Art und Größe, die besonders von kleinen Fischen gern abgeweidet werden: Glocken- und Trompetentierchen, Bakterien, Algen sowie an der Oberfläche die Lebensgemeinschaften in einer möglichen Kahmhaut.

Pflanzen

Zwei Wochen (nicht später!) vor der Abreise zu dichte Pflanzenbestände ausdünnen und absterbendes Blattwerk entfernen.

Die Kohlendioxid-Anlage besonders genau auf korrekte Funktion überprüfen und nötigenfalls weniger kräftig einstellen.

Verfügt Ihr Aquarium über eine Decke aus größeren oder kleineren Schwimmpflanzen, so sollten Sie deren Größe und Stärke überprüfen, weil der Austausch des Aquarienwassers und ggf. auch der Lampen die Gewächse zu einer stärkeren Vermehrung veranlassen könnte und sie dann wiederung das Licht zu stark abschirmt.

Pflanzen

Schöne Biotope, wie wir sie beispielsweise in den Becken großer Aquarienausstellungen antreffen, muß man in der Natur ausdrücklich suchen. Natürlich gibt es solche herrlichen und von der Natur gestalteten Lebensräume. Es kann aber auch vorkommen, dass man auf einem versumpften „Acker", viele Male größer als ein Fußballfeld, eine naturgeschaffene Monokultur von Millionen großer Amazonas-Schwertpflanzen antrifft, nach denen sich mancher Händler in unserem Land die Finger lecken würde. Leider dringt aber das, was die meisten Menschen in Südamerika und auch anderswo in den Tropen gemeinhin unter „Kultivieren" verstehen, immer weiter vor und zerstört die Lebensräume dieses „Unkrauts".

Wenn man sich die Frage stellt, was die Faszination eine gut ausgestatteten Aquariums ausmacht, so kommt man in fast allen Fällen zu dem Schluss, dass die Pflanzen einen beträchtlichen Teil zu der imponierenden Schönheit der meisten Aquarien beitragen. Pflanzen sind eben nicht allein ein reiner Zierrat mit umgebender Fischwelt, sondern ein aktiver Beitrag zum Funktionieren des künstlichen Biotops „Aquarium", und so spricht dies auch für die biologischen Leistungen der Pflanzen, ohne die ja auch alle Bewohner unserer Erde nicht lebensfähig wären.

Die biologische Bedeutung der Pflanzen

Die Pflanzen sind im Kreislauf der Natur unverzichtbar. Die meisten besitzen Blattgrün (Chlorophyll) und wachsen, wenn ihnen Wasser, Kohlendioxid und Licht zur Verfügung stehen. Zu ihnen gehören die Laubbäume, Palmen, Sträucher und Kräuter. Dazu gibt es drei andere Gruppen, deren Mitglieder zum Wachsen eine Unterlage benötigen: Kletterpflanzen, Epiphyten und Würgepflanzen. Warum der tropische Regenwald, aus dessen Umfeld die meisten Aquarienpflanzen stammen, so arten-

Die meisten Aquarianer bepflanzen ihr Aquarium ohne nennenswerten Plan. Gedeihen alle Pflanzen gut, so kann auch ein solches Aquarium einen zufriedenstellenden Eindruck machen.

Pflanzen in kleinen Töpfchen

Kleinere Pflanzen werden heute in Kunststofftöpfchen verkauft. Diese sind meist mit Steinwolle gefüllt, die wiederum mit einem bestimmten Nährstoff getränkt sind. Werden die Pflanzen ins Aquarium gebracht, so nimmt man den Topf ab, entfernt die Steinwolle vorsichtig, ohne die feinen Wurzeln zu beschädigen, breitet sie aus, beschneidet sie nötigenfalls und gibt sie in das vorbereitete Pflanzloch.

reich, so divers ist, kann man daran erkennen, dass er ein uraltes Ökosystem darstellt. Tropische Regenwälder gibt es schon seit 100 Millionen Jahren. Unsere Aquarienpflanzen sind zwar nur winzige Mitbewohner dieser Landschaften, aber auch sie sind eingebunden in das saisonbedingte Auf und Ab zwischen Hoch- und Niedrigwasser und dazu abhängig von den angebotenen Nährstoffen.

Die Qualität des Wassers

In der Natur nimmt das Wasser den eigenwilligen Charakter der Landschaft an, über die sein Weg führt. Die in ihm gelösten Stoffe, wie Mineralsalze, Gase und auch Spurenelemente bestimmen somit auch die Lebensfreundlichkeit oder -feindlichkeit. Leitungswasser, wie wir es fast immer als Basis zum Aufbereiten des Aquarienwassers verwenden, ist – aus der Sicht der Spezialisten in den Wasserwerken – besonderen Kriterien ausgesetzt. Als Beispiel sei angeführt, dass Leitungswasser zur Schonung des Netzes nicht sauer sein darf, sein pH-Wert also nicht unterhalb der Neutralgrenze von 7,0 liegen soll. Das ist auch der Grund dafür, das der im Wasser mitgeführte Kalk nicht in Lösung gerät (Säure löst Kalk) und ihm somit Gelegenheit gegeben ist, sich in Töpfen, Heizstäben der Waschmaschinen usw. festzusetzen. Um über dem neutralen pH-Wert zu liegen, muß dem Rohwasser vor allem die Kohlensäure ausgetrieben werden, die im natürlichen Wasser vorhanden ist. Man unterscheidet hier gebundene und freie (= gasförmig gelöste) Kohlensäure. Bei Anwesenheit von reichlich Karbonat ist freie Kohlensäure nicht vorhanden. Der pH-Wert ist dann >8. Die freie Kohlensäure unterteilt sich in die zugehörige Kohlensäure (die der Hydrogenkarbonatkohlensäure zugeordnet ist und die Karbonathärte in Lösung hält) und in die überschüssige aggressive Kohlensäure. Man spricht daher bei der zugehörigen Kohlensäure auch von der „Gleichgewichtskohlensäure", weil sie das Wasser im Kalk-Kohlensäure-Gleichgewicht hält.

Nun sollen und wollen wir aus relativ sterilem Leitungswasser ein akzeptables Pflanzenwasser machen. Die meisten natürlichen Gewässer sind zumindest zeitweise, wenn auch nicht dauernd in Bewegung, und es gibt auch Pflanzen, die selbst in stark bewegtem Wasser leben können, weil sie dieser Lebensweise besonders angepasst sind. In den meisten Fällen sind sie aber als Aquarienpflanzen nicht geeignet.

Bewegung treibt Gase aus, und die von den Pflanzen benötigte Kohlensäure, im Wasser gelöstes CO_2, ist ein Gas. Um aus unserem ins Becken geleitete Leitungswasser ein für die Pflanzen (und Fische) lebensfreundliches Aquarienwasser zu machen und dabei gleichzeitig ein ausgewogenes Nährstoffverhältnis zu schaffen, bedarf es einiger zusätzlicher Anstrengungen. Es wäre jedoch falsch zu glauben, dass es nur darum ginge, die im natürlichen Biotop festgestellten Wasser- oder Bodenwerte zu übertragen – sprich: nachzuahmen. Die Natur behält sich stets mehrere (Ausweich-) Möglichkeiten vor, weil ja auch sie stetigen Änderungen unterworfen ist. An derart wechselnde Gegebenheiten haben sich die Pflanzen im Verlauf ihrer Entwicklung (Evolution) angepasst. Für den Aquarianer heißt die Lö-

Je kräftiger sich ein „Pflanzendschungel" entwickelt, um so mehr lieben bestimmte Fischarten die vielen Versteckmöglichkeiten.

Die Fotosynthese mit Assimilation am Tage und Dessimilation während der Nacht wird hier dargestellt. Am frühen Morgen (rechte Zeichnung) hat der Sauerstoff abgenommen und das Kohlendioxid zugenommen. Nachdem die Assimilation wieder mehrere Stunden stattgefunden hat, hat sich der Sauerstoffbestand entsprechend dem der Pflanzen wieder aufgebaut. Fazit: Es ist unsinnig, wenn nicht gefährlich, die CO_2-Versorgung des Aquariums über Nacht in Betrieb zu lassen.

sung, alle verfügbaren Nährstoffe möglichst lückenlos anzubieten, doch darf man den Mangel an einem Nährstoff nicht durch ein Überangebot eines anderen Stoffes auszugleichen versuchen. Mangel wie Überangebot kann man nur durch ständiges Überprüfen ermitteln. Mit anderen Worten: Wer nicht nur raten, sondern auch genau Bescheid wissen will, der kommt nicht umhin, von Anbeginn an das Wasser und seine Inhalte zu untersuchen – sobald es den heimischen Wasserhahn verlassen hat. Logischerweise muss er es auch künftig unter Kontrolle halten. Der aquaristische Fachhandel liefert dazu heute alle wichtigen Testreagenzien. Alle diese Reagenzien sollen aufeinander abgestimmt, also möglichst von einem Hersteller erworben sein. Kommt man dann (wahrscheinlich) zu der Feststellung, dass den Pflanzen Nährstoffe (Dünger) fehlen, so muß man sie auch verabreichen. Noch ein Wort zum Schluss: Zwei wichtige Voraussetzungen für einen gesunden Pflanzenwuchs kann man jedoch keinem Düngepräparat beimischen. Das ist einmal die Energie in Form von ausreichendem Licht und zweitens Kohlenstoff, der wichtigste Pflanzennährstoff schlechthin.

Wie funktioniert die Fotosynthese?

Einleitend sei Folgendes angemerkt: Es wurde bereits angedeutet, man mag erstaunen und es sind durchaus keine großen Worte, wenn man zu Beginn dieses Kapitels feststellt, dass nur die grünen Pflanzen in der Lage sind, aus den energetisch geringwertigen Verbindungen Kohlendioxid und Wasser mit Hilfe des Sonnenlichts (in unserem Fall einer kräftigen Lampe) jene energiereichen organischen Substanzen (Kohlenhydrate, Eiweiße, Fette) aufzubauen, welche die Basis für die Existenz der Menschheit, aller

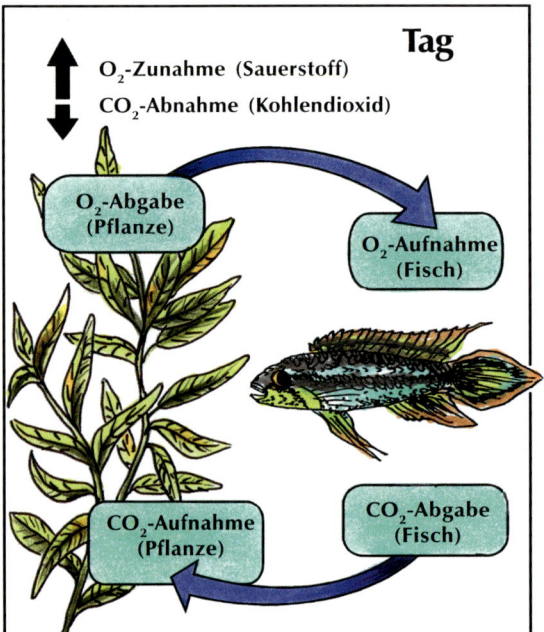

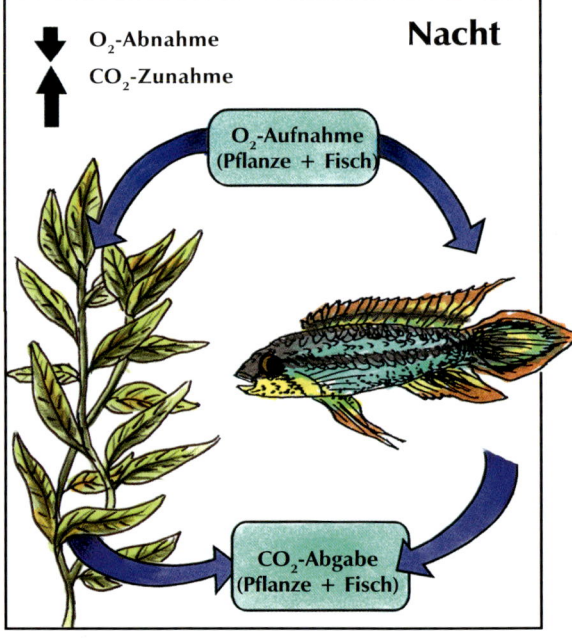

Tiere und auch der nicht grünen Pflanzen bilden! Es bedarf keiner besonderen Logik, dass auch unsere Energievorräte an Kohle und Erdöl, von denen wir heute so üppig zehren (also auch die Treibstoffe unserer Autos und Flugzeuge), nichts anderes darstellen, als von grünen Pflanzen in früheren Erdperioden aufgenommene und umgewandelte Sonnenstrahlung, die uns im Schoße der Erde in Form von chemisch gebundener Energie durch Jahrmillionen erhalten geblieben ist. Diese mit der Energie des Sonnenlichts beschriebene synthetische Leistung der grünen Pflanzen, die Fotosynthese, ist nach ihrer Ausdehnung über fast die gesamte Erdoberfläche (einschließlich der Weltmeere und der Süßwasserzonen) wie auch nach ihrem Stoffumsatz **der wichtigste chemische Prozess** auf unserem Planeten, dem für den Stoff- und Energiehaushalt der lebenden Natur eine zentrale Bedeutung zukommt.

Was geschieht bei der Fotosynthese? Stark vereinfacht ausgedrückt: Das (normalerweise) von der Sonne ausgestrahlte Licht wird von den Pflanzenzellen absorbiert und in komplizierten Reaktionsfolgen in freie chemische Energie umgewandelt. Licht (auch das unserer Aquarienlampen) ist immer die treibende Kraft, und der Prozess vollzieht sich nur unter Mitwirkung der Assimilationspigmente, der Chloroplasten. Er wird über die Beleuchtungsintensität und das Spektrum der Beleuchtung gesteuert. In allen grünen Pflanzen, so verschiedenartig sie auch sind, spielt sich ein und derselbe Vorgang ab. Aus Kohlendioxid und Wasser wird mit Hilfe der Lichtenergie Zucker (Glukose/Traubenzucker) hergestellt (synthetisiert) und Sauerstoff freigesetzt. Der Traubenzucker ist die Transportform der Kohlenhydrate. Aus dem Zucker wird in anschließenden Reaktionen die Fülle aller anderen Folgestoffe gebildet. Die Produkte der Fotosynthese dienen als Energiequelle für fast alle Lebensvorgänge. Die Speicherform der Kohlehydrate sind im Pflanzenreich vor allem die Stärke und der Rohrzucker. Wird mehr Energie benötigt, so werden diese Stoffe abgebaut und später bei ausreichendem Angebot an Traubenzucker und anderen Ausgangsstoffen (darunter Fette) wieder aufgebaut. Es ist bis heute weder ein natürlicher noch ein technisch sicherer Prozess bekannt, in dem mit so großem Wirkungsgrad Lichtenergie in nutzbare Energie umgewandelt werden kann.

So, wie man in der Fotosynthese den Aufbau sieht, muss man sich in der Mineralisation den Abbau vorstellen. In Jahrmillionen hat unsere Erde Energiereserven geschaffen, die hauptsächlich in Kohle und Erdöl und nur in sehr geringem Maße im Torf der Moore gespeichert sind. Wir Menschen sind gerade dabei, diese bisher festgelegte Biomasse in großem und immer größerem Stil abzubauen und auszubeuten (praktisch: zu vernichten). Dabei wird das gebundene Kohlendioxid wieder frei. Die CO_2-Bildung aus der Verbrennung fossiler organischer Materialien erreicht bereits weit mehr als ein Viertel der Assimilation der Landpflanzen. Diese CO_2-Menge könnte sich, da die CO_2-Konzentration ein wesentlicher, begrenzter Faktor für die Assimilation ist, durchaus in einer erhöhten Pflanzenproduktion bemerkbar machen, die dann der wachsenden Zahl der Menschen auf der Erde zugute käme – ja wenn nicht...

Pflanzen auf Wurzeln und Steinen

Man nennt es „Aufbinden", das Befestigen bestimmter Pflanzen, die mit Haftwurzeln versehen sind. Der Vorteil: Die aufgebundenen Pflanzen sind beweglich, was heißt, dass man sie bei einer Umgestaltung von einem Platz zum anderen rücken kann (was die meisten Pflanzen aber nicht lieben!). Man sollte dazu lange Rhizome (= Wurzelstock: verdickter, meist waagerechter Sprossteil) mit schwarzem Garn oder dünner Nylon-Angel- oder Dekoschnur unverrückbar festbinden. Sie wachsen dann auf diesem Substrat an. Bei Javamoos ist das ebenso leicht wie etwa bei Rhizomen von Anubias-Arten oder dem Javafarn.

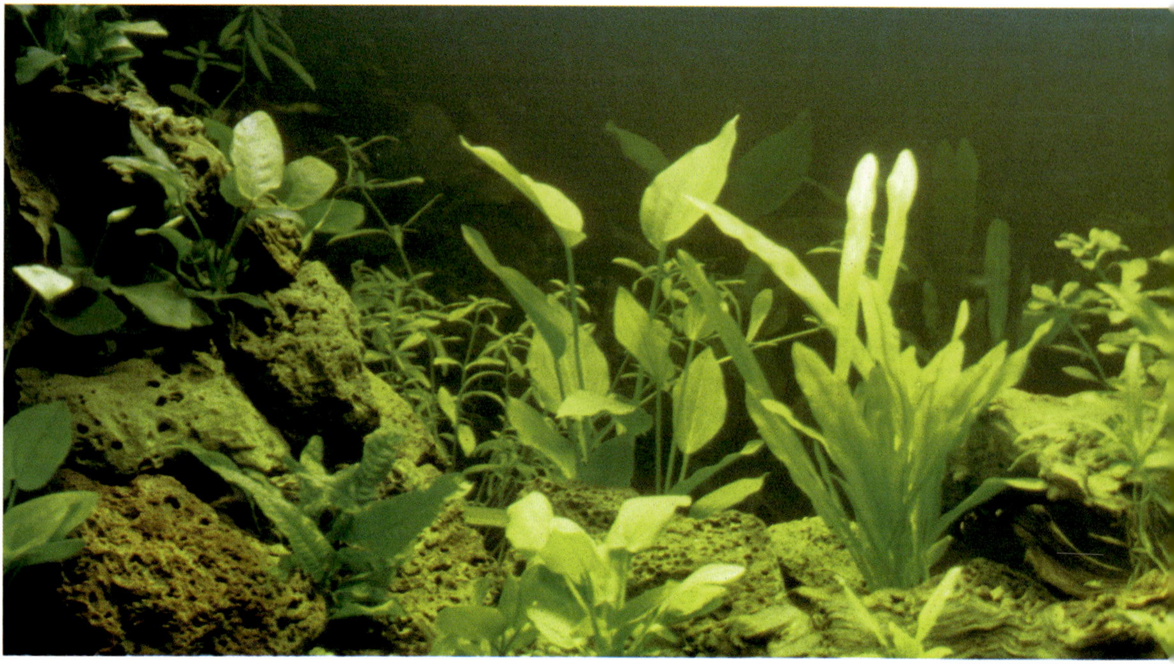

Gekonnte CO_2-Düngung erfordert eine hohe Lichtintensität

Im Aquarium stimuliert das Licht den Stoffwechsel der Pflanzen – je stärker hier die „Sonne“ scheint, um so intensiver erfolgt die Stimulation, womit sich die Aufnahme der Nährstoffe beschleunigt. Kohlenstoffe stehen dabei an vorderster Stelle. Es wäre somit falsch und beinahe nutzlos, eine CO_2-Düngung in Gang zu halten, ohne auf kräftiges Licht Wert zu legen.

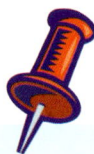

CO_2-Düngung und was man beachten muss

Die Frage, wie gedüngt wird, wurde bereits beim Thema „Technik" angesprochen. Es genügt nicht, aufs Geratewohl CO_2 ins Aquarienwasser zu geben! Damit würde man nur ein bestehendes Gleichgewicht ins Wanken bringen. Um die Frage nach dem „Wie" zu beantworten muss man sich erinnern, dass die Aufnahme und Verarbeitung des Kohlenstoffs nur mit Hilfe kräftiger Lichtenergie möglich ist (vgl. „Fotosynthese"). Bei der Anschaffung einer solchen Düngeanlage muss man sich mit den Dimensionen des Zubehörs (Größe der Depotflasche sowie des CO_2-Diffusors bzw. -Reaktors) nach dem Wasservolumen (Beckengröße) im Aquarium und der Menge der eingesetzten Fische richten. In Verbindung mit dem Regelgerät wird das Gas dann mit Hilfe einer Diffusionsanlage dem Aquarienwasser zugeführt. Das soll nicht unkontrolliert geschehen! Die Hersteller bieten dazu elektronisch gesteuerte Mess- und Regelgeräte an, die dauernd (!) über eine pH-Elektrode mit dem Aquarienwasser verbunden sind. Sie stellen den pH-Wert im Becken fest (Ist-Wert) und regeln bei Mangel an CO_2 exakt den Nachschub an Gas, bis der am Gerät eingestellte Soll-Wert wieder erreicht ist. Ein Magnetventil hilft dabei, schaltet mit Hilfe der üblichen Lichtsteuerung die nächtliche (weil sinnlose) CO_2Zufuhr ab und hilft damit, wirtschaftlich mit dem Kohlenstoff umzugehen (bei der nächtlichen Dissimilation nehmen die Pflanzen keinen Kohlenstoff auf).

Nicht jedes neu eingerichtete Aquarium entwickelt sich sofort üppig. Die Natur kennt keine Hast!

Wenn Sie die Zusammenhänge nicht auf den ersten Blick erkennen, lassen Sie sich bei Ihrem Fachhändler an einer Demo-Anlage den Betrieb erklären.

Wenn bei Eisenmangel die Blätter vergilben

Chlorose – Eisenmangel, so lautet der Schaden an Ihren Pflanzen, wenn die Blätter gelb werden. Leitungswasser ist eben kein Tropenwasser, aber natürlich gibt es auch da große Unterschiede. Horst, der in den zurückliegenden Jahren viele Pflanzengewässer hauptsächlich in Südostasien untersuchte, schreibt dazu: „Die erste Analyse gleich an Ort und Stelle verschlug uns fast den Atem: u.a. zweiwertiges Eisen 21 mg/l (!), Mangan 10,9 mg/l und freies Kohlendioxid 65,0 mg/l. Eine vollständige Analyse im Heimatlabor bestätigte dann, dass es sich bei diesen in den Bach sickernden Wässern um ein echtes Nährstoffkonzentrat handelt. Einmal auf die Bedeutung dieser Sickerstellen aufmerksam geworden, entdeckten wir sie nun überall rechts und links des Baches, selbst aus den Reisfeldern am Rande der Bäche sickern solche „Nährstoffquellen" und mit Sicherheit ist anzunehmen, dass solche Nährstoffzuflüsse auch unterhalb des Wasserspiegels vorhanden sind. Dafür zeugen die überall zu beobachtenden gallertartigen Eisenhydroxidablagerungen an den Bachrändern."

Auch wenn wir vom Kohlenstoff als dem Hauptnährstoff der Pflanzen hören, dürfen wir den Nährstoff Eisen nicht unbeachtet lassen.. Ob man

dieses Schwermetall mit dem chemischen Symbol „Fe" nun zu den Makro- oder den Mikronährstoffen rechnet, soll hier nicht interessieren. Es kann je nach elektrischer Ladung in zweiwertiger Form als Fe^{2+}-Ion oder dreiwertig als Fe^{3+}-Ion auftreten. Die zweiwertige Form ist wasserlöslich, während die dreiwertige Form, von Ausnamen abgesehen, nicht wasserlöslich ist. Das Problem: Dreiwertiges Eisen ist nicht wasserlöslich und zweiwertiges wird im Dünger oxidiert, fällt aus und muss deshalb zu oft nachdosiert werden. So kommt es, dass man bei Messungen feststellen musste, dass sich zuweilen in den Filterschlämmen mancher Aquarien Eisendepots von 800 bis 1000 mg/l angesammelt haben.

Die hier angesprochenen tropischen Gewässer sind fast immer besonders kalkarm. In unseren Aquarien ist dagegen das Kalkangebot oft größer. Eisenmangel entsteht häufig dadurch, dass Eisen im Boden durch Kalküberschuss abgebunden ist und deshalb von den Pflanzen nicht aufgenommen werden kann.

Die Nährstoffe Eisen und dazu Bor, Kobalt, Kupfer, Mangan, Selen, Zink und andere können von den meisten Aquarienpflanzen nur in gelöster Form aufgenommen werden. Wird das entsprechende Nahrungsangebot nicht in dieser Form dargereicht, können die Pflanzen damit nichts anfangen und gehen zugrunde. Wie kann nun die Darreichungsform aussehen? Moderne Aquarienpflanzendünger werden meist in flüssiger Form angeboten. Hierbei sind die Nährstoffe an sogenannte Chelatoren (Nährstoffträger) gebunden, um den Pflanzen diese Stoffe auch in der für sie verwertbaren Form anzubieten. Als natürliche Chelatbildner kommen vor allem stickstoff- bzw. schwefelhaltige Verbindungen und zweibasische Karbonsäuren in Frage, zum Beispiel bestimmte Aminosäuren, Peptide und Huminstoffe. Hinsichtlich der Nährstoffaufnahme ist besonders wichtig, dass Chelate über weite pH-Bereiche wasserlöslich sind, wogegen einzelne, nicht chelatartig gebundene Metallionen, wie beispielsweise Eisen, bei pH-Verschiebungen leicht ausfallen. Für den Stoffwechsel der Pflanzen ist die Chelatbildung von außerordentlicher Bedeutung, denn zahlreiche wichtige Verbindungen, wie metallhaltige Enzyme, Chlorophyll, Cytochrome und Vitamin B_{12} besitzen Chelatcharakter.

Flüssige Pflanzendünger enthalten nicht nur einige Grundnährstoffe, sondern auch eine Reihe von Spurenelementen. Es ist sinnlos und möglicherweise sogar gefährlich, sie unkontrolliert zu reichen! Sie sollen daher in möglichst exakter Dosierung angeboten werden, was heißt, dass man die Darreichungsanweisung genau beachten und dazu mitdenken soll. Warum? Wird zum Beispiel gerade jetzt über Kohle gefiltert, muss dieser Filter abgestellt werden, denn Kohle würde die Nährstoffe sofort wieder an sich binden und damit den Pflanzen entziehen.

Die Ästhetik in einem bepflanzten Aquarium

Ästhetik, die Suche der Menschen nach dem Schönen, ist auch nur für deren Augen bestimmt. Den Fischen ist die „Schönheit" bei der Gestaltung und Anordnung der Pflanzen im Aquarium nicht wichtig. Für sie gelten andere Kriterien: ob die Pflanzen gut gedeihen und für sie (die Fische) viel Sauerstoff produzieren und ihnen ihr rascher Wuchs eine gute Decken bieten kann.

Beim Einrichten eines Aquariums mit Pflanzen kann man mit sehr unterschiedlichen Methoden arbeiten. Bei uns kennt (fast) jeder Aquarianer Holländische Pflanzenaquarien – dem Namen nach; leider haben aber nur wenige schon einmal solche Spitzenprodukte der Aquaristik

Holländische Pflanzenaquarien sind eine Spezialität unserer niederländischen Nachbarn. Dabei liegt der Akzent deutlich bei dem ästhetischen Wert, also beim Gruppenaufbau und dem Kontrast der Pflanzen zueinander.

Sie ist auch als „Dicht-blättrige Rotala" bekannt, die aus Indien stammen-de *Rotala macrandra*. Das Wasser in ihrem Aquari-um kann mittelhart sein und einen neutralen pH-Wert haben. Sehr kräfti-ges Licht und ein häufi-ger Teilwasserwechsel sind ihr besonderer Anspruch.

begutachten können, wie man sie in den Nie-derlanden in einer Heimschau antrifft. Sie sind aber in erster Linie Selbstzweck und die Fische nur bewegliches Beiwerk. Mit diesen Aquarien wollen die niederländischen Aquarianer und Aussteller zeigen, wie weit man gehen und wie attraktiv man man ein Pflanzenaquarium einrich-ten und gestalten kann. Dass man dabei in der Regel zur Grundeinrichtung wesentlich mehr Pflanzen benötigt als das bei „normalen" Aqua-rien der Fall ist, leuchtet ein, wenn man erst ein-mal mehr als einen flüchtigen Blick in ein sol-ches Becken geworfen hat – denn klein sind sie alle nicht. Der Aufbau der Pflanzengruppen wie auch der farbliche Kontrast spielen bei der Pflanzenwahl eine dominierende Rolle, das heißt, die Auslegung der Bepflanzungsregel ist von einer langjährigen Tradition bestimmt. Da-bei stellt man Pflanzen derselben Art stets in Gruppen zueinander – von einer Solitärpflanze als Ausnahme abgese-hen. Zu diesen zählen zum Beispiel eine große Amazonas-Schwertpflanze (*Echinodorus*), eine *Lotus*-Variante oder eine gut und hoch gewachsene *Barclaya*. Auf der anderen Seite sollen die Gruppen nicht zu klein sein, sie würden in der Vielzahl der Gruppen alles zu unübersichtlich machen. Es sollen pro Dezimeter Aquariumlänge nicht viel mehr als eine Pflanzenart verwendet werden. Der farbliche Kontrast lässt sich heute, wo wir ver-schiedene rötlichbraune oder auch gefleckte neue Formen kennen, leich-ter als früher herstellen. Es versteht sich, das in solchen Aquarien mit nährstoffreichem Bodengrund und CO_2-Düngung und dazu mit einem meist erheblichem Aufwand an Lichtenergie gearbeitet wird, denn, wie bereits mehrfach erwähnt: Ohne die Energie des Lichts macht die ganze CO_2-Düngung nur wenig Sinn.

Welche Pflanzen in welchem Aquarium?

Natürlich kann nicht jeder ein großes Aquarium einrichten, für kleine aber erübrigen sich tiefschürfende Einrichtungsgedanken. Für ein 40 bis 80 cm langes Becken im Kinderzimmer oder auch in einer Wohnzimmer-ecke reichen meist neben dem Bodengrund eine Wurzel, wenige Stei-ne, etwas Javamoos eine große und mehrere kleinbleibende Pflanzen aus. Für ein Aquarium dieser Größenordnung soll man dann auch keine anspruchsvollen (z. B. feinfiedrige) Pflanzen wählen, denn sie kommen auf Dauer nicht ohne Kohlendioxid-Düngung aus. Da wählt man am ehesten eine größere Schwertpflanze (*Echinodorus*) die es trotz dieses Namens auch mit löffelartigen Blattformen gibt. Sehr anpassungs- und widerstandsfähig, dafür aber auch nicht schnellwüchsig ist das Zwerg-speerblatt *Anubias barteri* var. *nana*. Diese Pflanze läßt sich auch auf ein Stück Wurzelholz binden und wächst dort an. Auf die gleiche Weise lässt sich der Javafarn *Microsorium pteropus* aufbinden. Der Lichtanspruch beider Pflanzen hält sich in Grenzen.

Ist das Aquarium größer, etwa von 100 cm an aufwärts, so sollte man für die Bepflanzung schon einen Plan anfertigen, um so besser den Umfang der Bepflanzung errechnen zu können. Man soll gleich am Anfang das Becken dicht bepflanzen, weil man auf diese Weise die Anfangsschwierigkeiten besser überwinden kann. Allerdings ist in einem solchen Fall auch eine CO_2-Düngeanlage mit einzuplanen, denn wer möchte in solch einem Aquarium schon auf feinfiedrige Pflanzen wie *Cabomba*- und *Limnophila*-Arten oder auf Rundblättrige wie die Rotblättrige Rotala (*Rotala rotundifolia* und *R. macrandra*), das Papageienblatt (*Alternanthera reineckii*) und das Seegrasblättrige Trugkölbchen (*Heteranthera zosterifolia*) verzichten?

Schwimmpflanzen als Abdeckung oder nicht? Die Frage stellt sich im Grunde nur im Zusammenhang mit der Entscheidung, ob das Aquarium mit oder ohne Abdeckscheibe betrieben werden soll (vgl. Thema „Licht"). Im Fall einer Abdeckung könnten höhere Schwimmpflanzen wie die Muschelblume *Pistia stratiotes* oder die Wasserhyazinthe *Eichhornia crassipes* in dem engen Zwischenraum nicht existieren und auch kleinblättrigen Schwimmpflanzen wie *Azolla* und anderen würde das Kondenswasser in diesem Bereich schaden. Schwimmpflanzen sind logischerweise als Bewohner der Wasseroberfläche sehr lichthungrig, was ihnen in einem Aquarium ohne Abdeckung durch die Nähe der starken Hängelampen gut bekäme. Zudem geben die ins Aquarium herabhängenden Wurzeln einen interessanten Effekt.

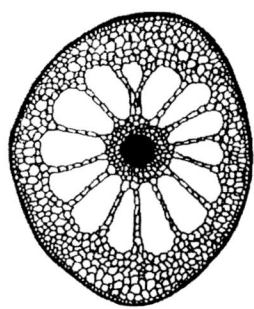

Querschnitt durch einen *Myriophyllum*-Stengel. Man erkennt das strahlenförmig angeordnete Hohlraumgewebe (Lakunen) des Durchlüftungssystem (offene Flächen).

Wie soll gepflanzt werden?

Die verschiedenen Pflanzenarten müssen ihren Ansprüchen entsprechend in den Boden gegeben werden, wobei der Einsatz in Gruppen derselben Art vorrangig ist. Im Grunde ist der Pflanzprozess einfach: Mit dem Finger oder einem Pflanzstab bohrt man ein Loch in den Boden, das der Größe der Wurzel angemessen sein muß. Da hinein gibt man den Teil der Pflanze, den man als Wurzel ansehen kann. Hier beginnt der Unterschied! Man muss die Ansprüche der verschiedenen Wurzeltypen berücksichtigen und unterscheiden. Tiefwurzler wie Cryoptocorynen und Vallisnerien treiben ihre Wurzeln senkrecht nach unten in den Boden und brauchen demnach nicht nur ein tieferes Pflanzloch, sondern auch eine höhere Bodengrundschicht. Man wird sie also nicht nahe der Frontscheibe einsetzen, weil dort der Boden am flachsten ist. Tief setzt man sie ein, zieht sie aber dann vosichtig wieder so weit heraus, dass ihr Wurzelhals (Übergang vom Wurzelteil in den grünen Pflanzenteil) einige Millimeter aus dem Boden hervorschaut. So ist gewährleistet, dass auch feinere Wurzeln einigermaßen straff und senkrecht sitzen. Die Wurzelspitzen dürfen nicht umgebogen sein!

Im Gegensatz zu den zuletzt angesprochenen Tiefwurzlern kennen wir die Flachwurzler. Sie benötigen keinen so hohen Bodengrund, weil sie weder über einen kräftigen zentralen Wurzelstock (Rhizom) verfü-

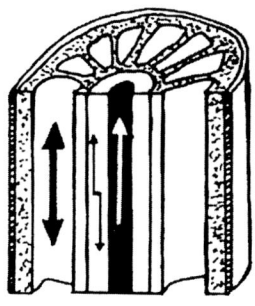

Längsschnitt durch einen *Myriophyllum*-Stengel. Neben den Lakunen gibt es weitere Räume für das Transportsystem der Pflanze. Phloem (mit schwarzem Doppelpfeil) und Xylem (mit weißem Pfeil) bilden das zentrale Leitbündel. Der gesamte Stengel wird von einer Außenhaut, der Epiderms, umgeben.

Beim Einpflanzen der Gewächse soll man nicht den Fehler machen, die Wurzeln in gekrümmter Haltung im Pflanzenloch zu belassen. Eher drückt man sie etwas tiefer in den Boden und zieht sie dann zurück oder legt das Pflanzloch gleich entsprechend tief an.

Vor dem Pflanzen: Wurzeln einkürzen!

gen, noch ihre Wurzeln besonders tief in den Boden führen. Zu ihnen gehören zum Beispiel verschiedene schmalblättrige Arten der Gattung *Echinodorus*. Andere Flachwurzler, wie *Elodea-*, *Myriophyllum-* oder *Cabomba-*Arten, kommen als Stengelpflanzen mit sehr niedrigem Boden aus. Haben die Pflanzen buschige Wurzeln, so kann man sie flach in eine größere, mit der flachen Hand ausgehobene Mulde geben.

Ähnliches gilt auch für Pflanzen, die über flach kriechende Rhizome (Wurzelstöcke) verfügen. Man „wedelt" ihnen mit der Handkante eine Rinne frei, in die man den Wurzelstock so einsetzt, dass er gerade vom Boden bedeckt ist. Pflanzen wie diese lassen sich übrigens auch gut auf ein Wurzelstück oder einen rauhen Stein aufbinden, wo sie dann festwachsen. Ich habe dazu übrigens niemals Draht oder Nylonschnur verwendet, sondern schwarzes Garn (Twist), das man kaum oder gar nicht sieht und das sich irgendwann später auflöst.

Stengelpflanzen leben meist in seichtem Wasser bzw. in der Uferzone. Sie sind deshalb sehr lichthungrig. Um eine erhöhte Aufnahme der Nährstoffe aus dem Wasser zu gewährleisten, haben sie ein viel ausgedehnteres Gastransport- bzw. Durchlüftungssystem entwickelt. Unterwasser- und Überwasserblätter sehen nicht gleich aus und sind unterschiedlich strukturiert. Die Wasserblätter weisen deshalb eine starke Zerteilung der Blattspreiten auf, die wir auch als Fiederung oder Feinblättrigkeit kennen. Die bereits mehrach erwähnten *Cabomba, Myriophyllum und Limnophila* gehören dazu. Durchbricht eine solche Pflanze jedoch den Wasserspiegel, so wächst sie unbeirrt weiter — jedoch mit einem völlig anderen Blattwerk. In stark bewegtem Wasser ist die Blattspreite oft bandartig entwickelt, wie wir sie von Vallisnerien oder selbst Arten der Cryptocorynen kennen.

Die Stengel übernehmen immer und bei allen Wasserpflanzen den sogenannten Ferntransport der Nährstoffe über das in ihrer Mitte liegende zentrale Leitbündel (vgl. Abb. Seite 71). Sein innerer Strang besteht aus einem holzigen Teil, dem Xylem. Hier aber gibt es für die transportierten Stoffe nur eine Bewegungsrichtung: aufwärts. Die treibende Kraft dafür liegt im Wurzelsystem („Wurzeldruck"). In dem umgebenden „Siebteil", dem Phloem, können die Stoffe (Säfte) dagegen in beiden Richtungen transportiert werden. Diese Säfte bestehen aus organischen Stoffen, und die Umstände bringen es mit sich, dass der zweite Transportweg längst nicht so effektiv wie der erste ist.

Rund um das zentrale Leitbündel ist die Durchlüftung angeordnet, ein System miteinander in Verbindung stehender Hohlräume, durch welche die Gase bei der Fotosynthese oder Assimilation, wie auch bei der Atmung oder Dissimilation, ihren Weg nehmen. Über das assimilierende Gewebe wird Kohlendioxid (CO_2) zugeführt, der freiwerdende Sauerstoff (O_2) wird

abgeführt, soweit kein direkter Kontaktaustausch über die Außenhaut feinfiedriger Gewächse stattfindet. Aquarianer, deren Pflanzen beispielsweise nach CO_2 hungern mussten, weil sich die Gasflasche entleert hatte, können die wiedererstarkende Fotosynthese und Atmung gut erkennen, wenn den Pflanzen neues CO_2 zugeführt wird und die Gewächse nun in stärkerem Maße Sauerstoff ausscheiden (Foto oben).

Stengelpflanzen, deren Stecklinge man meist im Bündel erwirbt, darf man keinesfalls zusammen mit dem umgebenden Band oder Gummiring in ein Pflanzloch setzen. Die unteren Stiele würden in kurzer Zeit abfaulen! Man pflanzt sie zwar gruppenweise ein, jedoch erhält jeder Steckling sein eigenes Pflanzloch, das man mit einem kleinen Stab vorbohrt.

Es gibt wie erwähnt Pflanzen, deren Rhizome oder Sprosswurzeln nicht tief eingepflanzt werden sollen, wohl aber aufgebunden werden können. Zu ihnen gehören großblättrige Arten wie der Java- und der Kongofarn *Microsorium pteropus* und *Bolbitis heudelotii* oder das beliebte Zwergspeerblatt *Anubias barteri* var. *nana* wie auch das Javamoos *Vesicularia dubyana*. Um ihnen eine erste Hilfe beim „Festkrallen" mit ihren Haftwurzeln zu geben, befestigt man sie zunächst mit Garn oder einer dünnen Nylonschnur (Angel- oder Dekoschnur) an dem gewählten Substrat, als das meistens ein Wurzelstück oder ein nicht zu glatter Stein gewählt wird.

Pflanzenvermehrung

Man unterscheidet bei den Aquarienpflanzen generell zwei Fortpflanzungsarten: die generative und die vegetative. Die erste geschieht durch Samen und kommt eher in professionellen Kultivierungsstationen vor

Wurde die CO_2-Gabe unterbrochen und schließlich wieder in Gang gesetzt, so lassen darauf die Pflanzen die verstärkt einsetzende Assimilation durch verstärkte Sauerstoffabgabe unübersehbar erkennen.

Ein reichlich mit Pflanzen bewachsener Bach im Süden von Thailand, der aus verschiedenen Quellen (pH 5,5) gespeist wurde. Leider gab es hier sehr viele Blutegel.

Man erkennt sonnenhungrige Schwimmpflanzen wie die große *Victoria cruziane* und *Pistia stratiotes*, die Muschelblume. Eine Ansammlung von Sumpfpflanzen („Schwimmende Wiesen") erkennt man im Hintergrund.

als bei Aquarianern. Demgegenüber ist die vegetative Art der Pflanzen-vermehrung, also die durch Stecklinge (bei Stengelpflanzen), durch Ausläu-fer oder Seitentriebe und die durch Bildung von Adventivpflanzen, wie sie von den schwimmenden Pflanzen als kleine Pflänzchen abgestoßen wer-den, in Aquarien die Regel.

Stengelpflanzen bringen im Grunde die geringsten Probleme bei der Vermehrung mit sich. Man schneidet ihre Stengel unterhalb der kleinen Adventivwurzeln nahe der Sprossachse durch und pflanzt die so erhalte-nen Stecklinge vorsichtig in den Boden. Sie wurzeln bald an.

Viele Pflanzen vermehren sich über Ausläufer, längere Stiele, auf de-nen junge kleine Pflanzen sitzen. Die Stiele beschwert man mit einem kleinen Stein und drückt sie zu Boden, so dass die Wurzeln der Adventivpflanzen hier anwachsen können. Erst wenn die Jungpflanzen gut eingewurzelt sind, kann man ihre „Nabelschnur", den mit der Mut-terpflanze verbindenden Stiel, durchschneiden.

Schwimmpflanzen wie die *Ceratopteris pteridoides* oder auch frei im Wasser treibende Pflanzen wie die von *Ceratopteris thalictroides*, ent-wickeln, wie gesagt, in ihrem Blattwerk Jungpflanzen, die eines Tages

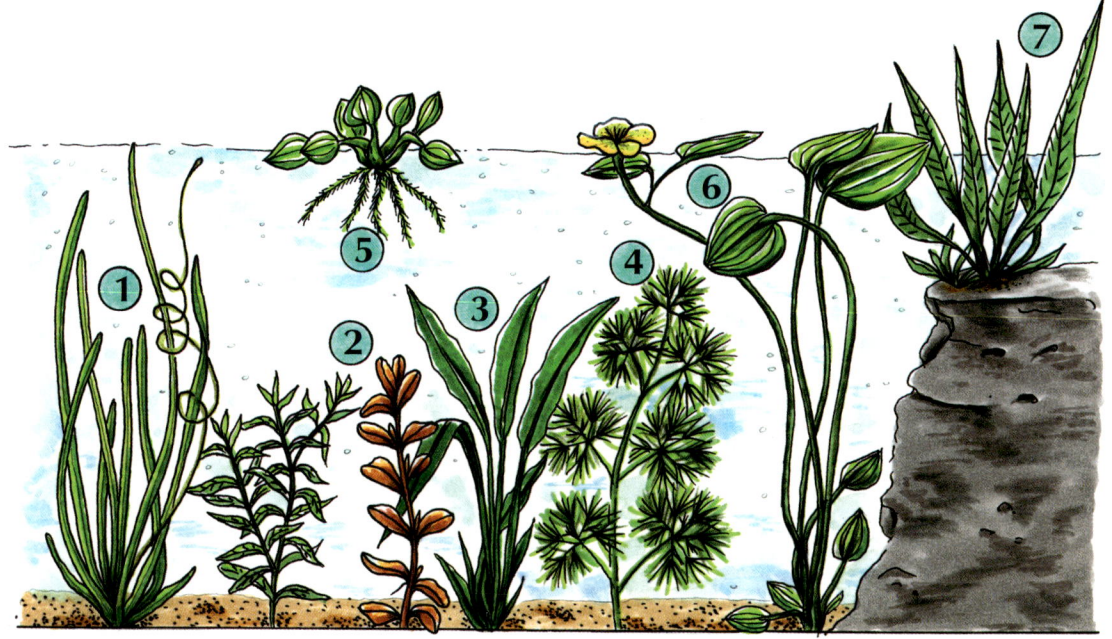

Je nach ihrer Endgröße und Blattstruktur teilt man die Pflanzen in verschiedene Gruppen ein:
1) Gute Sauerstofferzeuger mit band- oder fadenförmigen Blättern. **2)** Gute Sauerstofferzeuger und Ableich-pflanzen mit grobblättrigen oder moosartigen Blattsprei-zen. **3)** Pflanzen wie bestimmte Cryptocorynen soll man nicht zu-sammen mit Sagittarien oder Vallisnerien pflegen. Hier sind Kulturschalen angebracht. Solche Pflanzen bevorzugen gedämpftes Licht und weiches Wasser. **4)** Feingefiederte Pflanzen wie *Cabomba*- oder *Limno-phila*-Arten sind sehr licht- und CO_2-hungrig und bevorzugen weiches Wasser. **5)** Sie beanspruchen als Besiedler der Wasseroberfläche sehr viel Licht, lieben kein Kondenswasser (also keine Abdeckscheibe) und mögen eher eine Oberflächen-Luftzufuhr. **6)** Pflanzen wie Seerosen treiben ihre Schwimmblätter schnellstens zum Licht und sind daher sehr lichthungrig. **7)** Sumpfpflanzen, wie wir sie in vielen Aquarien pflegen, erweisen sich meistens als sehr anpassungsfähig.

frei schwimmend die Mutterpflanze verlassen. Das gilt aber nicht für alle Pflanzen, denn die bekannte Muschelblume *Pistia stratiotes* führt ihre Nachkommen zuerst eine Zeitlang an Stielen, bevor sie diese schließlich verselbständigen.

Die Heimat der Aquarienpflanzen

Schöne „wilde" Pflanzenbiotope zu finden wird immer schwerer, weil diese wunderbaren Biotope mit ihrem „Unkraut" (aus Sicht der „Weltverbesserer") mehr und mehr sogenannten Kultivierungsmaßnahmen zum Opfer fallen. Ob das nun im Rahmen von Brandrodungen auf Sumatra, Borneo oder in Südamerika oder Zuschüttung von Gewässerabschnitten anderswo geschieht, ist hier nicht maßgebend. Aber es gibt sie noch, die schönen Biotope – man muss nur weit genug von der Zivilisation entfernt suchen.

Biotope, wie wir sie uns gemeinhin vorstellen, sehen allerdings nie so aus, wie das bereits angesprochene Holländische Pflanzenaquarium. Eine gewisse Ordnung herrscht da nicht, wenngleich man an manchen Stellen auch eine Gruppenbildung erkennen kann, das heißt, es wachsen dort gleich tausende Pflanzen einer Art dicht beieinander. Das ist so in vielen Lebensräumen aller Kontinente. Viele dieser Böden darf man allerdings nicht betreten, denn sie bestehen aus Schlamm, wie wir ihn nie in unseren Aquarien dulden würden. Die Natur hat eben andere Vorstellungen und Pflanzenansammlungen findet man kaum dort, wo der Boden mager ist, sondern dort, wo die Pflanzen alles das an Nährstoffen vorfinden, was sie zum Leben brauchen.

Von den Aquarienpflanzen, die wir heute im aquaristischen Handel erwerben können, kommen praktisch keine mehr aus Biotopen wie den vorher angesprochenen. Alle werden in kleineren und größeren Stationen des In- und Auslandes kultiviert und vermehrt.

Oft geschieht die Kultivierung und Vermehrung nicht unter Wasser, sondern in bedeckten Hallen (auch in den Tropen) auf Böden bestimmter Qualität. Das hat seine Ursache darin, dass die meisten unserer Aquarienpflanzen dem Typ der Sumpfpflanzen angehören. Diese Form der Kultivierung ist wesentlich einfacher und birgt weniger Gefahren. Natürlich aber treffen wir auch lange Reihen großen Betonbecken an, die, zumindest in europäischen Stationen, zuweilen sogar kräftig mit CO_2 versorgt werden. Da die Pflanzen, wenn sie emers kultiviert werden, ihre Nahrung überwiegend aus dem Boden entnehmen, müssen sie sich später erst an eine submerse Lebensweise gewöhnen, wobei viele Arten ihre emersen Blätter abwerfen und neue Blätter bilden, die dem Leben unter Wasser besser angepasst sind. Deshalb ist Vorsicht geboten, wenn man auf Ausstellungen und Messen emers gehaltene Gewächse angeboten bekommt.

Empfehlenswerte Pflanzenarten

Alternanthera reineckii „lilacina" (Rotes Papageienblatt)

Die Stengelpflanze stammt aus dem tropischen Amerika. Sie erreicht eine Höhe bis etwa 50 cm und eignet sich aufgrund ihrer kräftigen Färbung ausgezeichnet als Kontrastpflanze zwischen viel Grün. Sie schätzt nährstoffreichen Boden mit Eisen- und CO_2-Düngung und kräftiges Licht, um die gewünscht kräftigen Farben auszubilden. Wasser bis 12 °dKH und sauer bis 5,5 pH, aber noch tolerant bis 7,5 pH.

Anubias barteri var. nana (Zwergspeerblatt)

Aus dem Kreis der afrikanischen Speerblätter hat sich diese Variante bei den meisten Aquarianern durchgesetzt. Sie ist zwar langsam wachsend, andererseits aber sehr robust und anpassungsfähig. Man kann sie aufbinden. Höhe bis 15 cm.

Foto: B. Teichfischer

Bacopa monnieri (Kleines Fettblatt)

Sie zählt zu den bei Aquarianern weit verbreiteten Stengelpflanzen und erreicht eine Höhe bis etwa 25 cm. Sie gedeiht bevorzugt in weichem Wasser und erreicht bei Licht und Nahrungsmangel nur einen kümmerlichen Wuchs, weshalb sie bei CO_2-Düngung wesentlich kräftiger erscheint. Wasserhärte von 4 bis 14 °dGH.

Cabomba caroliniana (Wasser-Haarnixe)

Die am häufigsten gepflegte Art der Gattung mit dem feinfiedrigen Blattwerk. Sie ist von den südlichen USA bis ins nördliche Südamerika verbreitet. Wie alle Mitglieder dieser Gattung ist ihr Blattwerk sehr licht- und CO_2-hungrig. Die Stengelpflanze kann eine Wuchshöhe bis zu 50 cm erreichen.

Ceratopteris thalictroides (Sumatrafarn) und Hygrophila difformis (Indischer Wasserwedel)

Der raschwüchsige und nicht sonderlich anspruchsvolle Farn ist in vielen tropischen Ländern verbreitet. Er entwickelt sich eingepflanzt wie auch schwimmend, bevorzugt sandigen Boden und ein nicht zu hartes Wasser. Dabei entwickelt er Adventivpfläzchen an den Blatträndern und zeigt eine große Produktivität. Wuchshöhe 50 bis 60 cm.

Hygrophila difformis

Cryptocorynen oder Wasserkelche

Die Gattung *Cryptocoryne* ist artenreich. Weil die Pflanzen gewisse Ansprüche stellen, trifft man im aquaristischen Handel meist nur die etwas standfesteren Arten an. Cryptocorynen benötigen viel Ruhe im Aquarium, schätzen also kein häufiges Umpflanzen oder ähnliche Störungen im Wurzelbereich. Man pflegt sie am besten in nährstoffreichen Boden mit zusätzlicher CO_2-Düngung. Die Heimatgebiete der Pflanzen weisen in der Mehrzahl sehr weiches Wasser auf, dessen Gesamthärte unter 1 °dGH liegt und µS/cm-Werte zwischen 10 und 50 erkennen lassen. Parallel dazu verläuft ein pH-Wert zwischen 5,5 und 6,5 im sauren Bereich, der seine Ursache durch das Zusammenspiel von organischen Säuren mit einem recht hohen Kohlensäuregehalt hat. Fehler, die bei der Haltung von Cryptocorynen gemacht werden, können demnach unterschiedliche Ursachen haben.

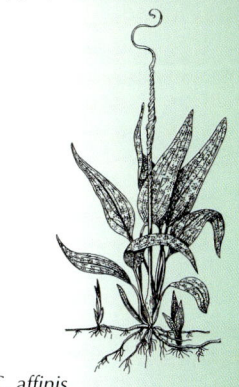

C. affinis

C. wallisii

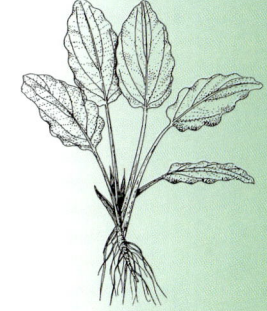

C. griffithii

C. walkeri

C. wendtii

○ *Echinodorus-Arten* – Schwertpflanzen

Obgleich nicht alle Arten dieser Gattung schwertförmige Blätter tragen, hat sich der deutsche Name so unter Aquarianern eingebürgert. Wie ihre nahen Verwandten der Gattung *Sagittaria* (Pfeilkraut) gehören sie zu den seit Jahrzehnten beliebtesten Aquarienpflanzen überhaupt. Es gibt unter ihnen sehr große wie auch sehr klein bleibende Arten, die sich speziell für eine Hinter- oder auch Vordergrundbepflanzung eignen. *Echinodorus*-Arten kommen nur in Süd-, Mittel- und Teilen von Nordamerika vor, werden inzwischen aber auch in südostasiatischen Pflanzenfarmen vermehrt. Wegen ihrer robusten Anpassungsfähigkeit (aber trotzdem eine gute Eisendüngung nicht vergessen!) sind diese Arten nicht schwer zu pflegen, was natürlich sehr zu ihrer Verbreitung beigetragen hat.

Foto. B. Teichfischer

Echinodorus bleheri (Breitblättrige oder Große Amazonas)

mit den Synonymen *E. paniculatus* und *E. rangeri* ist d i e Laichpflanze für Skalare und (normalerweise) auch Diskusfische und erreicht mit 60 cm Höhe die rechte Größe für große und hohe Aquarien. Natürlich braucht sie dazu die nötigen Voraussetzungen, die sich nur selten mit nährstoffarmem Boden, ohne Kohlenstoff- und Eisendüngung erreichen lassen.

Foto. B. Teichfischer

Echinodorus cordifolius (Herzblättrige Amazonas)

mit dem Synonym *E. radicans* ist eine sehr große, aber diesmal herzblättrige Pflanze. Sie wächst sogar in großen, nicht abgedeckten Aquarien weit über den Wasserspiegel hinaus und gelangt hier auch zur Blüte. Wenn man die Pflanzen am Herauswachsen und Blühen hindert, entwickeln sie submerse Jungtriebe aus dem Blütenstengel. Die Blattspreiten können hier 20 bis 25 cm lang werden.

Echinodorus osiris und Echinodorus barthii (Rote Amazonas)

Bei diesen beiden Namen handelt es sich um ordentliche Beschreibungen. Der niederländische Botaniker und Experte dieser Gattung (DE GRAAF, 1989) hat jedoch festgestellt, wie seine „Untersuchungen gezeigt haben, dass die Eigenschaften von *E. osiris* und *E. barthii* die Stellung als Synonyme zu *E. uruguayensis* rechtfertigen". Wir Aquarianer kennen unter dem Namen *E. uruguayensis* jedoch eine völlig andere Pflanze, die in mehreren Wuchsformen erscheint, hochwüchsig ist und über eine hohe Zahl relativ schmaler grüner Blätter mit langen lanzettlichen Spreiten verfügt. Sei es wie es sei: Beide, vor allem die Erste, gehören inzwischen zu den am meisten gepflegten Arten der Gattung. Die „Rote Amazonas", einst von Micha-el Bleher aus einem begrenzten Gebiet in Paraná (Südbrasilien) in dau-ernd submerser Lebensweise entdeckt und eingeführt, verträgt auch etwas härteres Wasser und lässt sich auch bei mäßigem Licht halten. Bei hellerer Beleuchtung braucht sie nährstoffreichen Boden wie auch Eisen- und CO_2-Düngung. Vermehrung durch Adventivpflanzen.

Echinodorus schlueteri (Gefleckte Amazonas)

Eine relativ kleinbleibende rundblättrige Amazonaspflanze mit ge-drungenem breitem Wuchs, aus der in den letzten Jahren verschie-dene neue gefleckte und auch größere attraktive Formen (z.B. „Leo-pard") herauskultiviert wurden. Die Stammform wird etwa 20 bis 25 cm hoch und verfügt über grüne ungemusterte Blätter . Der Lichtbedarf ist gemäßigt. Gegenüber nicht zu hartem Wasser ist sie tolerant und das gilt auch für den pH-Wert zwischen 6 und 8.

Echinodorus tenellus (Zwergamazonas)

Eine beliebte und oft gesuchte Vordergrundpflanze von nur 5 cm Höhe, die aber zum Wohlbefinden keinen zu mageren Boden und vor allem viel Licht benötigt wie auch CO_2-Düngung erhalten soll-te. Durch kräftige Ausläuferbildung kann eine Art Rasen entstehen. Eine gewisse Schwierigkeit zeigt sich häufig allein beim Anwachsen bzw. Integrieren in das Aquarienmilieu. Mag kein zu hartes Wasser!

Eusteralis stellata (Sternrotala)

Die zierliche, zur Familie *Lamiaceae* gehörende Asiatin erinnert zwar beim ersten Hinsehen an Didiplis diandra, ist aber gegenüber die-ser wesentlich anspruchsvoller. Sie erreicht eine Höhe bis etwa 25 cm, und ihre sternförmig verlaufenden Sprossspitzen gaben ihr den Namen. Sie mag möglichst weiches Wasser mit einem pH-Wert von 5 bis 7. Als Sumpfpflanze verlangt sie einen Boden mit Lehm-anteilen, viel Licht und dazu einen kräftigen CO_2-Eintrag von min-destens 20 mg/l. Trotz allem immer noch eine schwierige Pflanze.

Heteranthera zosterifolia (Seegrasblättriges Trugkölbchen)

Es stammt aus dem Süden von Südamerika. Die Stengelpflanze kann eine Höhe bis etwa 50 cm erreichen und bildet bei CO_2-Düngung herrliche Polster. Ihr Lichtbedarf ist dann entsprechend hoch. An die Wasserhärte wie auch den pH-Wert stellt sie keine besonderen Ansprüche und erweist sich auch in Grenzzonen als tolerant. Bei zu starkem Wuchs kann man sie mit der Schere be-schneiden. Oberhalb des Wasserspiegels bildet sie zuweilen blau-violette kleine Blüten.

Hottonia palustris (Sumpf-Wasserfeder)

Auch wenn *Myriophyllum aquaticum* heute noch in vielen Aquarien anzutreffen ist, wird sie wieder in häufigen Fällen von dieser ebenfalls altbekannten Art verdrängt. *H. palustris* gehört zur Familie *Primulaceae* und ist in Europa zu Hause. Wie alle feingefiederten Pflanzen braucht auch sie sehr viel Licht und wächst dann schnell bis in eine Höhe von etwa 20 cm und mehr. Als Sumpfpflanze schätzt sie Boden mit Lehmzusatz.

Hygrophila corymbosa (Großer Wasserfreund)

Die Stengelpflanze erweist sich als gut geeignet für die rückwärtige Zone des Aquariums. Sie stammt aus dem tropischen Asien und wird in unterschiedlichen Formen angeboten, mit breiten, mittelbreiten und schmalen Blättern. Sie wächst schnell, ist anpassungsfähig und verzweigt sich erst nach Rückschnitt. Da die Triebe zum Vergilben neigen, ist Eisendüngung unerlässlich.

Limnophila aquatica (Riesensumpffreund)

Er gilt als eine der attraktivsten Aquarienpflanze – vorausgesetzt, sie erhält ausreichend helles Licht sowie eine Eisen- und CO_2-Düngung, wie sie für eine derart feinfiedrige Stengelpflanze nun einmal unabdingbar ist.

Ludwigia natans (Schwimmende Ludwigie)

Sie stammt aus dem subtropischen Nord- und Mittelamerika und dies ist in der Regel ihr Handelsname. Ob es sich dabei um die echte oder eine verwandte Art ist, kann schwer gesagt werden, denn die Gärtnereien haben viel gekreuzt, um die roten Töne zu verstärken. Ihre Haltung kann einfach, aber auch schwierig sein und sie wird zwischen 30 und 50 cm hoch. Man soll sie nicht über 26 °C pflegen, wenn nicht tropische Verwandte eingekreuzt wurden.

Microsorium pteropus (Javafarn)

Neben dem allgegenwärtigen Javamoos ist dieser Farn wohl die südostasiatische Pflanze, der wir in allen Aquarien am häufigsten begegnen. Es handelt sich um eine Aufsitzerpflanze mit einem kriechenden Wurzelstock, der sich auf ein Wurzelholzstück oder einen Stein aufbinden lässt, mit der Zeit hier anwächst, weiterentwickelt und hier mit Adventivpflanzen vermehrt. Bei submerser Pflege erreichen die Triebe eine Gesamthöhe bis etwa 20 bis 30 cm.

Nymphaea lotus (Tigerlotus)

Es sind mehrere (Zucht?)Varianten bekannt, als var. *viridis* eine mit grünen Blättern und dunklen Flecken, als var. *rubra* mit weinroten, ebenfalls gefleckten Blättern. Soll die Knollenpflanze große Blätter über dem Boden treiben, muss man die Schwimmblätter abzwicken. Sie kann sich bei wenig Licht kaum erwartungsgemäß entwickeln.

Nymphoides aquatica (Unterwasserbanane)

Ein nettes kleines Zierstück aus der Familie der Fieberkleegewächse (Menyanthaceae), das aus den südöstlichen USA stammt. Die bis zu 15 cm hohe langgestielte Blattrosette zeigt als Nährstoffspeicher „Bananenwurzeln", die nur wenig tief in den Boden gegeben werden sollen. Blütenblätter sind abzuzwicken, Kein besonders hoher Lichtbedarf. Vermehrung im Aquarium durch Adventivpflanzen.

Sagittaria platyphylla und *S. subulata*

(Breitblättriges und Flutendes Pfeilkraut).
Es sind zwei Aquarienpflanzen, die ursprünglich im Südosten der USA beheimatet waren, heute aber eine darüber hinaus reichende Verbreitung erfahren haben. Die erste Art verfügt über kräftige, mehr als 2 cm breite Blätter, die auch von vegetarisch lebenden Fischen nicht gern angeknabbert werden. Wie die zweite Art werden beide in verschiedenen Varietäten bzw. Kulturformen mit unterschiedlichen Wuchshöhen angeboten. Den üblichen Wasserwerten gegenüber sind sie sehr tolerant und anspruchslos.

○ *Vallisneria*-Arten

sind hauptsächlich in drei Spezies im Handel zu anzutreffen: *V. asiatica* var. *biwaensis, V. spiralis* und *V. gigantea*. Auch bei diesen Pflanzen hat die Hybridisierung weiter zugenommen, so dass es oft schwerfällt, den alten Namen noch zu trauen. Nur eines sollte klar sein: Bei der Form mit den gedrehten Blattspreiten handelt es sich <u>nicht</u> um *V. spiralis*, wie der Name „Schraubenvallisnerie" vermuten lassen könnte, sondern um *V. asiatica* var. *biwaensis*. Vallisnerien sind in den Tropen weit verbreitet. So eignet sich die Riesenvallinerie *V. gigantea*, die von den Philippinen und der großen Insel Neuguinea stammt, besonders gut für den Einsatz bei der Pflege großer, eventuell pflanzenfressender Cichliden. Ihre schnell wachsenden und bei Überlänge flutenden Blätter geben den Fischen bei ihrem angeborenen Streben nach Sicherheit den nötigen Schutz nach oben. Natürlich kann man diese Blätter auch einfach (mit der Schere) zurückschneiden. Alle Vallisnerien sind lichthungrig, aber gut auch an höhere Härte- und pH-Werte zu gewöhnen und somit auch für das einfachste Anfängeraquarium geeignet.

Vesicularia dubyana (Javamoos)

Das Moos ist aus der heutigen Aquaristik in aller Welt nicht mehr fortzudenken. Man kann es an vielen Stellen aufbinden (wo es dann mit Rhizoiden festwächst) und es gedeiht auch bei unterschiedlichen Licht nach Eingewöhnung fast immer zufriedenstellend. Die relativ anspruchslosen Pflanzen sind damit auch sehr gut für den Einsatz in Zucht- (Ablaichpflanze) und Aufzuchtaquarien geeignet, weil sie anspruchslos sind und gute Polster bilden.

FISCHE

Fische zu kaufen, Fische erfolgreich zu pflegen und vielleicht sogar noch zu vermehren sind verschiedenerlei Dinge. Schon bei der Vorstellung an den Fischerwerb muss der kommende Aquarianer sich mit einiger Sicherheit in seinen Wünschen zurücknehmen. Die Phantasie lässt viele Möglichkeiten offen, aber bei genauerer Überlegung und gemessen an den Ansprüchen der Fische und einem harmonischen Zusammenleben im Aquarium wird man Abstriche machen müssen.

Neukauf nur nach reiflicher Überlegung

Natürlich kommt es bei der Wahl auf die Endgröße (!) eines Fisches an und damit auch auf die Größe des Aquariums. Daneben sind seine Ansprüche an die Wasserqualität zu berücksichtigen und auf seine Friedfertigkeit bzw. an seine schlechte Angewohnheit, stets Unruhe zu stiften. Es gibt Fische, die stets zänkisch sind und damit die Gesellschaft der Aquariumbewohner sehr stören können. Daneben soll man nie Räuber und Friedfische zusammen pflegen — das kann auf Dauer nicht gut gehen und führt früher oder später zu Verlusten.

Vorsicht beim Kauf unbekannter kleiner Welse!

Welse können schnellwüchsig und bei der nächtlichen Nahrungsaufnahme eine sehr räuberische Lebensweise führen. Es empfiehlt sich daher unbedingt, bei Kauf unbekannter Arten beim Verkäufer sehr genau zu erfragen, wie sich der Wels ernährt, weil sonst ihr Fischbestand mit der Zeit stark schrumpfen könnte.

Was man beim Fischkauf beachten sollte

- Zunächst soll der Fisch schwimmfreudig sein und dabei einen allgemein vitalen Eindruck machen.
- Er darf keinen eingefallenen Bauch aufweisen, was man als Zeichen einer längeren Hungerperiode oder als derzeitige Verweigerung der Nahrungsaufnahme ansehen kann.
- Die Augen dürfen nicht trüb sein, sondern müssen glänzen.
- Ausgefranste Flossen können ein Zeichen einer Beißerei sei, aber auch (wenn mit kleinen weißen Rändern versehen) als eine baklteriell entzündete Folge, wie sie auch auf eine andere Erkrankung hinweisen können.
- Fische, die dauernd ihre Flossen klemmen (krampfhaft zusammenlegen) sind entweder im Becken stark unterdrückt, oder sie fühlen sich aus anderem Grund unwohl (Erkrankung?).
- Tiere, die schwer atmend unter der Wasseroberfläche stehen, könnten von Kiemenwürmern befallen sein, an Sauerstoffmangel leiden oder an einem noch nicht genauer festgestellten Unwohlsein.
- Die Körperseiten sollen ein gleichmäßiges Schuppenbild zeigen, und die Tiere sollen sich nicht an Steinen, Wurzeln oder im Sand scheuern.
- Bemerkt man tote Fische im Händleraquarium, soll man die Aufmerksamkeit besonders schärfen.
- Ein Fütterungsversuch zeigt, ob die Fische willig Futter nehmen (und welches).

**Ein Null-Diät-Tag
je Woche**

Viele Fische neigen bei
guter Kost dazu, sich
zu überfressen, und
das be-sonders bei zu
fetter Fütterung (En-
chyträen und ähnliche
Leckerchen). Ein fut-
terloser Tag je Woche
hilft, das Überangebot
für Magen und Darm
auszugleichen und
schadet den Fischen
keineswegs.

Vegetarische Kost

Viele Fische, darunter
Scheibensalmler, Kopf-
steher, aber auch
Sumpfdeckel- und Ap-
felschnecken und Wel-
se, nehmen pflanzliche
Nahrung auf. Welse
und Schnecken tun das
am häufigsten während
der Nacht. Am liebsten
nehmen sie Stücke von
einer Salatgurke, die
man zerteilt und mit der
weichen Innenseite
nach oben mit einem
Gummiring auf einen
Stein klemmt. Gewa-
schene Salatblätter,
überbrühter oder ge-
frosteter und aufge-
tauter Blattspinat und
Haferflocken werden
gern genommen.

Beschränkung in der Wahl ist wichtig!

Es gibt sogenannte Regeln, die immer wieder veröffentlicht werden und angeben, wieviel Wasser (in Litern) für wieviel Fisch (in Zentimetern) zur Verfügung stehen müßten. Solche „Regeln" sind relativ und insofern mitunter sehr veränderlich, wenn man das körperliche Volumen eines Fisches mit einem anderen vergleicht. Nehmen wir die früher oft publizierte Regel „pro Zentimeter Fisch = 2 Liter Wasser". Ein bulliger Cichlide kann 12 cm lang sein und 7 cm hoch; sein Körperdurchmesser beträgt an der kräftigsten Stelle 2,5 cm. Drei andere, jeweils vier cm lange, also zusammen ebenfalls 12 cm lange Salmler, von denen jeder aber nur 1,5 cm hoch ist, leben zusammen in einem Aquarium. Nach der genannten Regel müßten alle vier notfalls mit 12 + 12 x 2 = 48 Litern Wasser auskommen, also einem 50 cm langen Kleinaquarium. Man merkt sofort: Eine solche „Milchmädchen-Rechnung" kann nicht stimmen! Anders wäre es, könnte man die Fische auf die Waage legen und sie nach Gewicht einstufen. Hier sollte der gesunde Menschenverstand weiterhelfen und - im Zweifelsfall mit dem Fischbesatz sparen!

Ein eingewöhntes Team sollte es sein

Zur vorher genannten Beschränkung in der Mengenwahl ist es wichtig, kein zu großes Kunterbunt zusammenzustellen wie auch darauf zu verzichten, Fische aus allem möglichen Landschaften, Biotopen von verschiedenen Kontinenten unserer Erde in einem Aquarium versammeln zu wollen.

Es versteht sich, daß man die Fische behutsam überführt und den oder die Fischbeutel nicht einfach ins Aquarium kippt, sondern sie langsam an Temperatur und eine wahrscheinlich geänderte Wasserqualität gewöhnt. Sobald sich die Fische in ihrem neuen Lebensraum eingewöhnt haben, beginnen sie damit, eine Rangordnung einzurichten oder auch darum zu kämpfen. Das ranghöchste Tier nennt man das „Alpha-Tier", den Schluss bildet das „Omega-Tier" (nach der Folge des griechischen Alphabets). Das heißt, dass das Alpha-Tier in einer Population, einem Schwarm oder auch im ganzen Aquarium das „Sagen" hat. Die Rangfolge wird durch kurzes Drohen oder kurzes Verfolgungsschwimmen aufrecht erhalten. Das schwächste oder Omega-Tier muss oft viel erdulden und wird dabei meist unterdrückt. Jedes Mitglied der Gruppe merkt sich im Verlauf der Auseinandersetzungen, wer ihm über- oder auch unterlegen ist. Stehen dabei zum Beispiel zwei annähernd gleich starke Buntbarsch-Männchen kraftmäßig auf einer Stufe und das Alpha-Tier genügt nicht mehr den Anforderungen, so wird es vom nächsttieferen Tier, das versucht, sich den höheren Rang zu erkämpfen, in entsprechende Kämpfe verwickelt.

Normalerweise wird jedoch die Rangfolge von allen Mitbewohnern eines Aquariums respektiert. Nun hat aber der Aquarianer Lust, seiner eingewöhnten und gut aufeinander abgestimmten Aquarienbesetzung ein paar neue Mitbewohner hinzuzufügen. Werden diese eingesetzt, so gerät die seitherige Rangfolge ins Wanken und muss nötigenfalls mit Kämpfen neu festgesetzt werden. Dabei kann es weniger Tote, sicher aber Verletzte und neue Unterdrückte geben, was sich für die betroffenen Fische der niederen Ränge oft fatal auswirken und durch Schwäche-Erkrankungen zeigen kann. Es lässt sich nicht immer umgehen, die Aquarienbesetzung ab und zu einer Änderung zu unterziehen, ein tierfreundlicher Pfleger wird damit aber so lange wie möglich warten.

Kleine Fischbiologie

Unsere Fische, wie wir sie heute kennen, haben sich in Evolutionsprozessen, die sich über Jahrtausende hingezogen haben, zu der bekannten Arten- und Formenvielfalt entwickelt. Die Zierfische, über die wir hier sprechen, gehören zu den Knochenfischen. Sie haben sich in den Lebensräumen der Kontinente, in denen sie zu Hause sind, an die dort herrschenden Bedingungen angepasst, dabei selbst kleinste Nischen erschlossen und ihr Fortpflanzungsverhalten den örtlichen Gegebenheiten angepasst. So leben die einen über Sand, die anderen in Höhlen, wieder andere direkt unter der Wasseroberfläche wie es noch weitere Lebensformen gibt.

Diese Anpassung, kombiniert mit einer ebenfalls angepassten Art der Nahrungsaufnahme führte auch zur Entwicklung besonderer Körperformen, einer unterschiedlichen Beflossung oder sehr differenzierter Gebisse. Viele der Dinge, die wir Aquarianer heute zum optischen Erkennen einer bestimmten Art heranziehen (z. B. die Form der Schwanzflosse, Stellung der Maulöffnung usw.) oder die Wissenschaftlern für ihre Beschreibungen wichtig sein müssen (z. B. der Verlauf der Seitenlinie sowie Anordnung und Zahl sowie Form und Struktur der Schuppen, Flossenstrahlen usw.), liegen dieser Entwicklung zu Grunde.

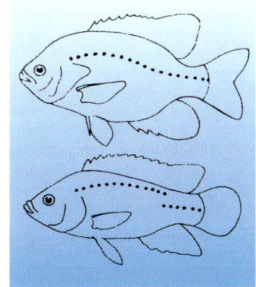

Der Verlauf der Seitenlinien (Punkte) ist, wie man erkennt, nicht einheitlich. Sie gehören zu den Sinnesorganen der Fische.

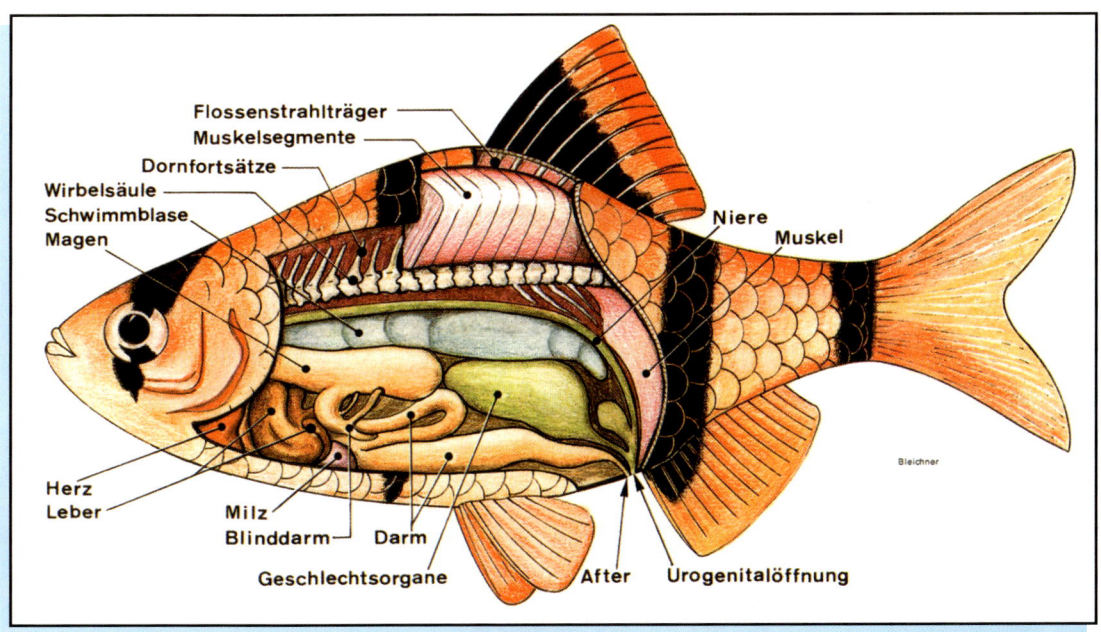

Innerer Bau eines Knochenfisches.

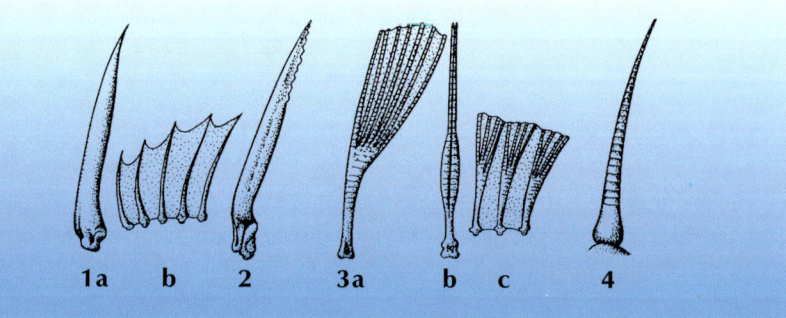

Flossenstrahlen können als Stütze oder als Verteidigungswaffe dienen. Man nennt sie „Hart-" (1 bis 2) oder „Weichstrahlen" (3 bis 4). Bei der ersten Gruppe spricht man wegen ihrer Härte auch von Stacheln.

Jeder, der sich mit Fischen beschäftigt, sollte etwas mehr über ihren Körper, ihre Fortbewegung und die Lage und Funktion ihrer inneren Organe wissen als nur die Körperform und farbe zu kennen. Ein Wissen, dass man sich nicht von heute auf morgen aneignen muss, aber mit der Zeit doch erwerben sollte.

Tropische Fische aus vier Kontinenten

Wenn Sie bei der Zahl „vier" stutzen, so habe ich Europa deshalb nicht erwähnt, weil tropische Reviere hier denkbar knapp sind und die wenigen Aquarienfische, die aus diesem Erdteil stammen, nicht als wichtig anzusehen sind. Zudem wünschen die meisten Europäer in ihren Aquarien erfahrungsgemäß meistens „exotische", also fremdländische Fische von anderen Kontinenten.

Es interessiert beim Studium der Fischbeschreibungen zum Beispiel, woher die Fische kommen. Daraus kann man mit Kenntnis der Lebensräume zu dem Schluss kommen, unter welchen Bedingungen bestimmte Arten zu pflegen sind — glauben wir. Nun aber sind die vielen Züchter dieser Welt heute in der Lage, die meisten und gängigsten Aquarienfische nachzuzüchten, so dass diese Fische, wenn wir sie denn erwerben, in den Gewässern ihrer Ahnen nie geschwommen sind. Diese Tatsache hat mehrere positive Seiten, allen voran die, dass die Fische, sollten ihre Vorfahren noch in extremen Gewässern (z. B. mit sehr weichem, sehr saurem Wasser) gelebt haben, diese Voraussetzung zur aquaristischen Haltung bereits abgebaut sind. Zweitens soll damit die „Ausplünderung der Gewässer" (wie es unsere Mitmenschen „mit grünen Herzen" vermuten) unterbunden werden. Diesem Anwurf muss man jedoch entgegenhalten, dass er in kaum einem Fall zutrifft, weil eine weit höhere Zahl an Fischen, als für aquaristische Zwecke exportiert werden, mit dem Rückgang des jährlichen Hochwassers eingeschlossen wird und entweder Opfer von ebenfalls eingeschlossenen Fischfressern oder beide am Ende von Watvögeln erbeutet werden. Wer dennoch überleben sollte, wird schließlich beim Trockenfallen solcher Restwasser-Lagunen, -Teichen oder -Tümpeln den Erstickungstod erleiden. Die Natur überwindet solche Verluste spielend durch höhere Fortpflanzungsraten, obgleich sie, wie gesagt, um ein Vielfaches größer sind als alle Exporte in die Aquarien der Liebhaber.

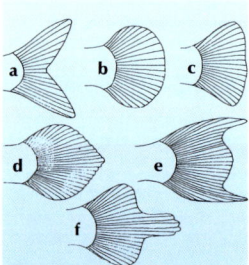

Auch die Formen der Schwanzflossen kann man als Artkennzeichen ansehen - wenn auch nur in Kombination mit weiteren Merkmalen: a= gegabelt, b= gerundet, c= mit gerader (abgeschnittener) Hinterkante, d= zugespitzt bis lnazettartig, e= zweizipfelig, f= mit verlängertem Mittelstreifen, pinselförmig.

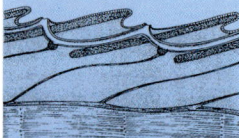

Die Schuppen zeigen zwei Längsstriche, die an den Rändern etwas dunkler sind. Sie stellen die Öffnungen eines Kanalsystems dar. Der mit ihnen verbundene Seitenlinienkanal verläuft unter der Oberhaut und ist mit den Öffnungen durch ein Quersystem verbunden.

Empfehlenswerte Fische

Um alle Zierfischarten einigermaßen zu beschreiben, würde allein ein Buch dieses Volumens nicht ausreichen, denn die Artenzahl jeder Gruppierung (Ordnung, Unterordnung, Überfamilie Familie) ist riesengroß. Ich muss mich daher hier auf die Arten beschränken, die man in den Aquariengeschäften auch häufig erwerben kann. Darüber hinaus behalte ich mir aber vor, auch einige besonders attraktive Exemplare vorzustellen, die sehr schön sind, vielleicht selten eingeführt werden und aus diesen oder ähnlichen Gründen die aquaristischen Wunschlisten füllen.

● Salmler (Ordnung Characiformes)

Die Salmlerordnung ist in viele Familien aufgeteilt, von denen die der Echten Salmler die artenreichste ist. Salmler zeigen niemals Barteln wie die folgenden Karpfenfische. Sie tragen (in den meisten Fällen!) eine Fettflosse. Ihre Verbreitung erstreckt sich über Süd- und Mittelamerika (rund 1100 Arten) und Afrika (etwa 175 Arten). Zu den Salmlern gehören auch viele große Raubfische wie die bekannten Piranhas in Südamerika und die Tigerfische in Afrika. Besonders bei den afrikanischen Salmlern gibt es noch viel Ungeklärtes und damit Unsicherheit in der Nomenklatur, der Namengebung.

Anostomus anostomus (Prachtkopfsteher)

Eine Art aus dem nördlichen Südamerika, die nur für größere Aquarien geeignet ist, weil die Tiere bis zu 18 cm lang werden können. Sie stammen aus weichem, leicht saurem Wasser. Ihr nach oben gerichtetes Maul ist dafür eingerichtet, die Pflanzen (auch unterseits) nach Algen abzuweiden. Dabei kann es auch vorkommen, dass Triebe feiner Pflanzen mitverzehrt werden. 23 bis 27 °C.

Boehlkea fredcochui (Blauer Perusalmler)

Ein Bewohner aus dem System des oberen Amazonas. Die bis zu 4 cm großen Schwarmfische mit der blauen Körpertönung haben sich bei vielen Aquarienern als vitale Pfleglinge erwiesen, die in mittelhartem (6 bis 14 °dGH) und leicht saurem Wasser gut zu halten sind. Die schlankeren Männchen sind farbintensiver als die Weibchen. Haltung bei 23 bis 27 °C.

Brittanichthys axelrodi (Brittans Salmler)

Eine wegen ihrer farblichen Extravaganz sehr gesuchte Rarität, die derzeit aber leider noch nicht regelmäßig, eher nur als Beifang bei Roten Neon eingeführt wird. Die bis zu 3 cm großen Salmler stammen aus einem Gebiet am mittleren Río Negro, das für sein extrem weiches Schwarzwasser bekannt ist. Ein deshalb empfindlicher Pflegling. Haltung bei 23 bis 27 °C.

Carnegiella strigata (Marmorierter Beilbauchsalmler)

Die wohl am häufigsten gepflegte Art aus der Familie der Beilbauchsalmler stammt aus Gewässern nördlich des Amazonas. Die im kleinen Schwarm unter der Wasseroberfläche lebenden Fische sind recht springfreudig (Aquarium gut abdecken!). Man pflegt sie in weichem, leicht saurem Wasser bei 23 bis 27 °C. Sie brauchen ein Futter, das eine Zeit lang an der Wasseroberfläche schwimmt.

Chilodus punctatus (Punktierter Kopfsteher)

Die ruhigen Tiere aus der Familie der Barbensalmler (Curimatidae) leben weit verbreitet im nördlichen Südamerika. Sie erreichen eine Gesamtlänge bis 9 cm und lieben einen möglich ausgedehnten freien und nicht zu groben Boden, über dem sie kopfab nach Nahrung suchend schwimmen. Sie schätzen keine unruhigen Mitbewohner. 23 bis 27 °C.

Gymnocorymbus ternetzi (Trauermantelsalmler)

Einer der unproblematischsten Pfleglinge unter den Salmlern. Die bis zu 6 cm großen Fische leben in einem weiten Einzugsgebiet, das vom südbrasilianischen System des Río Paraná (mit Río Paraguay) über den Mato Grosso (mit Río Guaporé, Río Mamoré) bis zum Río Beni im Nordosten von Bolivien reicht. Weiches, leicht saures Wasser und Temperaturen von 23 bis 27 °C.

Hemigrammus bleheri
(Blehers Rotkopfsalmler)

Von den drei Rotkopf- bzw. Rotmaulsalmlern (*H. rhodostomus* und *Petitella georgiae*) ist dies die am häufigsten eingeführte Art. Man pflegt die Tiere in möglichst weichem und leicht saurem Wasser bei Temperaturen zwischen 24 und 27 °C. Ihre bekannten Lebensräume im Bereich des mittleren Río Negro reichen etwa von der Einmündung des Río Jufaris bis zu der des Río Uaupés.

Hyphessobrycon pyrrhonotus
(Rotrücken-Kirschflecksalmler)

Ein Bewohner aus Gebieten am mittleren Río Negro (Río Ereré). Die Männchen werden bis etwa 5 cm lang und lassen sich durch eine intensive Rotfärbung über dem Rücken erkennen. Im Gegensatz zu den kleineren Weibchen tragen sie eine lang ausgezogene Rückenflosse. Man soll die Tiere in möglichst weichem saurem Wasser im Schwarm bei 23 bis 27 °C pflegen.

Moenkhausia dichroura
(Scherenschwanz-Moenkhausia)

Der Bewohner verschiedener Flusssysteme südlich des Amazonas und im Süden angrenzender Länder (Río Paraguay, Río Paranagua) verdankt seinen deutschen Namen seiner tief eingeschnittenen Schwanzflosse, die in den hinteren Lappen quergestreift ist. Ein silbriger Schwarmfisch, dessen Schönheit am besten bei mäßiger Beleuchtung zur Wirkung kommt. Weiches Wasser, 23 bis 27 °C.

Moenkhausia pittieri (Brillantsalmler)

Dieser schillernde hochrückige Salmler stammt aus Venezuela (Lago Valencia) und wird bis zu 6 cm groß. Die Balz der Tiere ist interessant. Die Männchen führen „Flattertänze" vor ihren Partnerinnen auf. Auch sie und ihre hohen Flossen entwickeln sich bei diesen Schwarmsalmlern am besten in weichem und leicht saurem Wasser bei Temperaturen zwischen 24 und 28 °C.

Moenkhausia sanctaefilomenae (Rotaugenmoenkhausia)

Die wohl bekannteste Art der Gattung aus dem System des Río Paranaíba (der südlich der brasilianischen Hauptstadt Brasilia entspringt und in den Río Paraná mündet) der zudem im Río Paraguay vorkommt. Die Tiere werden bis zu 7 cm lang und fallen durch größere Körperschuppen auf. Man pflegt sie in Wasser von 6 bis 14 °dGH und etwa 6,8 pH bei 23 bis 27 °C.

Nannostomus sp. (Roter Perú-Ziersalmler)

Bei dieser erst 2000 entdeckten Spezies aus einem Waldbach in Perú könnte es sich um eine außergewöhnlich attraktive Variante von N. marginatus handeln. Als Jungtiere sehen die Fische denen der genannten Art sehr ähnlich. Gegenüber der Wasserhärte sind die bis zu 5 cm langen Fische recht tolerant und akzeptieren eine Gesamthärte bis zu 15 °dGH und einen pH-Wert um die Neutralgrenze (7,0) bei 23 bis 27 °C.

Nematobrycon palmeri (Kaisersalmler)

Die auch als „Kaisertetra" bekannte Art lebt vornehmlich im System des Río San Juan in Kolumbien, wo es noch Waldbäche mit oft extrem weichem und mehr oder weniger saurem Wasser gibt. Beckeneinrichtung mit viel organischem Material (Wurzelholz, Laub) und möglichst dunklem Bodengrund. Die Tiere können bis zu 6 cm groß werden.

Paracheirodon axelrodi (Roter Neon)

Mit Fug und Recht: der weltweit bekannteste Aquarienfisch, dessen Verbreitungsgebiet sich vom mittleren Río Negro bis zum oberen Río Orinoco (Puerto Ayacucho/Venezuela) hinzieht. Obgleich sie dort in sehr weichem und kräftig saurem Wasser vorkommen, lassen sie sich, die im Aquarium nicht einfach zu vermehren sind, gut an aquaristische Verhältnisse umgewöhnen.

Phenacogrammus interruptus (Kongosalmler)

Ein Langflosser aus dem zentralen Afrika, der auch gern mit vielen Verwandten seiner Art zusammenlebt. Zur Bildung der langen Flossen sind ausreichender Schwimmraum, recht weiches, saures und vor allem nitratarmes Wasser notwendig. Die Lieblingsnahrung der Tiere besteht aus Insekten und deren Larven. Weibchen werden 6 cm und Männchen 8 cm lang.

Thayeria obliqua (Pinguinsalmler)

Ein interessanter Schrägschwimmer aus Amazonien, der nicht allzu häufig eingeführt wird. Die Tiere leben in Gruppen. Die drei, zur Gattung gehörenden Arten unterscheiden sich in erster Linie durch die Länge der schwarzen Längsbinde, die sich vom hinteren unteren Schwanzflossenlappen in den Körper hineinzieht. Größe bis 6 bis 8 cm. Die ebenso bekannte Schwesterart ist *T. boehlkei.*

● Karpfenfischverwandte (Ordnung Cypriniformes)

Tropische Karpfenfische unterschiedlicher Gattungen sind in der sogenannten Alten Welt, also in Afrika uns Asien verbreitet. Daneben kennen wir weitere, aquaristisch allerdings weniger interessante Arten, die in natürlichen Habitaten von Europa und Nordamerika leben und teilweise (z. B. Karpfen) von Menschenhand in Australiens Gewässer eingeführt wurden. Ihre Größe reicht von wenigen Millimetern (*Danionella*) bis weit über zwei Meter (*Catiocarpio*). Sie tragen keine Fettflosse. Von den weit über 2000 Arten, die sich auf rund 280 Gattungen verteilen, werden viele als Speisefische genutzt. Die bekannten Aquarienfische kennen wir als Barben, Bärblinge, Rasboren, Fransenlipper, Dorngrundeln und Schmerlen usw.

Boraras brigittae (Moskitorasbora)

Die Schwarmfische stammen aus dem Süden der Großen Sundainsel Borneo (Kalimantan) und gehören mit einer Länge bis 2 cm den Zwergen an. Sie mögen sehr weiches Wasser mit einem leicht sauren pH-Wert.

Foto: Bork

Brachydanio albolineatus (Schillerbärbling)

Die bis 6 cm großen gestreckten Bärblinge stammen aus dem westlichen Südostasien. Sie zeigen sich sehr vital und sind dabei sehr schwimmfreudig. Ihr Aquarium sollte daher weniger hoch als eher langgestreckt sein. Normale Wasserwerte.

Chela cachius (Blauer Flügelbärbling)

Eine leider nicht häufig eingeführte Art mit einem durchhängendem Bauchprofil. Die Tiere erreichen eine Länge bis höchstens 10 cm. Die aus Indien stammenden Bärblinge begnügen sich mit weicher bis mittelharter Wasserqualität und einem pH-Wert um den Neutralpunkt (7,0).

Crossocheilus siamensis (Siamesische Rüsselbarbe)

Die aus Thailand und der malaiischen Halbinsel stammende Saugbarbe erreicht eine Länge bis etwa 14 cm und wird von Aquarianern hauptsächlich einzeln oder paarweise als Algenfresserin eingesetzt. In der Färbung ist sie relativ unscheinbar.

Danio pathirana (Pathiranas Danio)

Eine traumhaft schön gezeichnete Art aus Sri Lanka, von wo sie leider viel zu selten eingeführt wird. Man soll sie in Gruppen von 6 bis 8 Tieren in nicht zu hartem, leicht saurem Wasser pflegen. Länge bis 6 cm.

Epalzeorhynchos bicolor (Feuerschwanz-Fransenlipper)

Die früher zur Gattung *Labeo* gestellten Arten (neben diesem noch *E. frenatus*, *E. erythrurus* und *E. munensis*) stammen aus Südostasien und sollen nur in geräumigen Aquarien ab 120 cm Länge gepflegt werden. Oft zeigen sich gerade die Tiere von *E. bicolor* recht zänkisch untereinander. Pflege in normalem Aquarienwasser. Größe bis 12 cm.

Gyrinocheilus aymonieri (Siamesische Saugschmerle)

Die wohl bekannteste Algenfresserin wird aus Thailand eingeführt, ist allerdings nur in jungen Jahren als Pflegling in einem Heimaquarium geeignet (Länge bis etwa 25 cm). Sie toleriert jedes gesunde Wasser.

Puntius conchonius (Prachtbarbe)

Die Pracht, der die Tiere ihren deutschen Namen verdanken, zeigt sich hauptsächlich in der Rottönen der Männchen, wenn sich diese in ihrer Balzfärbung zeigen. Die 6 cm langen Barben stellen keine besonderen Ansprüche an die Wasserqualität und werden daher (wie die vorher genannten) auch als „Anfängerfische" Angesehen. Auch als Schleierform bekannt.

Puntius tetrazona (Sumatrabarbe)

Die wohl bekannteste Barbe, von der es verschiedene Zuchtformen wie auch nahe verwandte Arten gibt (*P. hexazona, P. pentazona, P. partipentazona*), stammt aus Südostasien und wird bis etwa 6 cm lang. Sie toleriert jedes gesunde Aquarienwasser, sollte jedoch nicht zusammen mit langflossigen Arten (Skalare) gepflegt werden (knabbert).

Rasbora kalochroma (Schönflossenrasbora)

8 bis 10 cm lang können die etwas empfindlichen Pfleglinge aus Südostasien werden. Sie zeigen bei Wohlbefinden eine rostrote Färbung, möchten weiches, leicht saures und leicht strömendes Wasser in Temperaturen zwischen 26 und 28 °C.

Trigonostigma heteromorpha (Keilfleckbärbling)

Die früher ebenfalls zur Gattung *Rasbora* gestellten Arten (neben dieser *T. espei, T. hengeli* und *T. somphongsi*) wurden in diese neue Gattung überführt, weil sich ihre Fortpflanzung deutlich von den übrigen Rasboren unterscheidet. Besonders diese *T. heteromorpha* ist ein sehr beliebter Aquarienfisch, der am besten im Schwarm und bei nicht zu starker Beleuchtung zur Geltung kommt.

Botia macracanthus (Prachtschmerle)

Sie wird allgemein als die Schönste unter den Schmerlen ange-sehen. Die Tiere werden meist von Sumatra eingeführt, wenn-gleich sie auch auf Borneo verbreitet ist. In der Jugend zeigen sie eine herrliche Färbung, die jedoch mit zunehmendem Alter abdunkelt, wenn die Tiere eine Länge zwischen 20 bis 30 cm erreichen. Daher sollten sie nur in geräumigen Aqua-rien gepflegt werden, weil sie anderenfalls scheu bleiben.

Botia morleti (Aalstrichschmerle)

Eine Bewohnerin thailändischer, kambodschanischer und lao-tischer Gewässer. Synonym: *B. horae*. Wie die meisten ihrer Verwandten ist sie recht anpassungsfähig. Vorsicht beim Fan-gen mit der Hand: Die Tiere tragen (wie alle Schmerlen) spit-ze Dornen im Bereich der Augen, mit denen sie schmerzhaft stechen können. Voll ausgewachsen bis etwa 20 cm lang.

○ Welse (Ordnung Siluriformes)

Die Ordnung der weltweit verbreiteten Welse ist in etwa drei Dutzend Familien mit weit über 2000 Arten unterteilt. Sie leben tag-, dämmerungs- und nachtaktiv und sind dementsprechend mehr oder weniger im Aquarium zu sehen. Unter ihnen gibt es Arten, die sich überwiegend vegetarisch ernäh-ren, dazu Allesfresser wie auch Fischfresser. Welse können nur wenige Zentimeter groß sein oder auch mehr als 2 Meter lang werden. Ihr Körper ist schuppenlos und nackt oder ganz oder teilweise mit Knochenplatten bedeckt. Die meisten von ihnen sind mit defensiven oder auch aktiven Schutz- oder Angriffs-„Waffen" ausgestattet (Panzerung, Stacheln, elektrische Organe). Die einen leben im Schwarm, die anderen als Einzelgänger. Bestimmte Arten sind attraktiv gemustert, andere zeigen nur eine braungrau gemusterte Tarnfärbung. Für die Haltung in einem Heim-Gesellschaftsaquarium eignen sich nur durchweg friedfertige Arten bestimmter Familien, die den ruhigen Ablauf im Becken nicht stören. Bei der Behandlung anderer Mitbewohner mit Wärme, Medikamenten oder sonstigen Chemikalien soll man den empfindlichen Welsen gegenüber äußerste Vorsicht walten lassen, denn sie vertragen nur wenige gut.

Ancistrus temminckii (Hirschgeweih-Antennenwels)

Unter den Antennenwelsen (der Name stammt von ihren „An-tennen", welche die Männchen als „Kopfputz" tragen) gibt es viele Arten, die sich rein optisch nicht einer bestimmten Art zuordnen lassen. Sie können 10 bis 12 cm lang werden, sind relativ anspruchslos und vermehren sich unter guten Lebens-bedingungen und (natürlich) bei paarweiser Haltung.

Brochis multiradiatus (Spitzmaul-Panzerwels)

Die relativ großen Panzerwelse dieser Gattung sind nicht so tagaktiv wie ihre *Corydoras*-Verwandten, bestenfalls dämmerungsaktiv. Sie erreichen eine Länge bis zu 8 cm und sind dabei noch recht gedrungen gebaut (*B. britskii*). Der spitzköpfige *Brochis* stammt aus dem Einzug des Río Napo in Ecuador.

Corydoras aeneus (Metall-Panzerwels)

Eine in vielen Varietäten auftretende Art aus dem nördlichen (Venezuela) bis südlichen (Nord-Argentinien) Südamerika. Anspruchslos und zuweilen mit einem leuchtenden Längsstreifen in der oberen Körperhälfte (Foto).

Corydoras barbatus (Schabrackenpanzerwels)

Größte derzeit bekannte Art (bis 12 cm).aus Südostbrasilien (Rio/São Paulo). Schätzt vor allem nitratarmes Wasser.

Glyptoperichthys gibbiceps (Waben-Schilderwels)

Der bekannteste Schilderwels, der inzwischen auch in Südostasien nachgezogen wird. Er erreicht zwar ausgewachsen eine Länge bis zu 50 cm, doch braucht er dazu viele Jahre und junge wie halbadulte Tiere sind Schmuckstücke jedes Aquariums. Für Becken ab 100 cm geeignet. Brauchen viel Wurzelholz.

Hypancistrus zebra (Zebra-Harnischwels)

Eine bis 15 cm lang werdende Art aus dem System des Río Xingú in Brasilien. Die Art wurde im Aquarium bereits nachgezogen (vgl. Mayland, 1996).

Peckoltia pulchra
(Binden-Zwergschilderwels)

Unter der Vielzahl der neu entdeckten *Peckoltia*-Arten ist *P. pulchra* (oder was wir dafür halten) ein alter Bekannter. Wie alle Arten der Gattung sind auch diese Tiere tagsüber sehr verstecksüchtig, sonst aber anspruchslos. Südamerika.

Pseudacanthicus leopardus
(Leopard-Kaktuswels)

Kaktuswelse tragen ihren Namen daher, weil sie über den Flanken mit kleinen Dornreihen versehen sind. Diese schön gemusterte Art aus dem Osten Amazoniens gehört neben einigen anderen der Gattung zu den häufiger Gepflegten. Tagsüber leben die Tiere zeitweise lebt gern versteckt.

Sturisoma panamense
(Panama-Störwels)

Eine Art aus der Gruppe der langgestreckten Störwelse, die aus Panamá (Darién) stammt. Viele weitere Arten der Gattung sind über Südamerika bis in den Norden Argentiniens (*S. frenatum*) verbreitet. Brutpflegende Männchen kann man auch im normalen Leben an ihren, nach Art eines Backenbartes angelegten Kopfborsten (Otodonten) zu erkennen. Die Welse können eine Länge von 15 bis 18 cm erreichen und sind daher nur für eine Pflege in größeren Aquarien geeignet. Über Haltung und Zucht siehe BORK & MAYLAND, 1998.

Synodontis granulosus
(Leuchtbalken-Fiederbartwels)

Hier eine Art aus der Gattung der afrikanischen Fiederbartwelse, die aus dem Tanganjikasee stammt. Manche leben als Rückenschwimmer – tun das aber nicht ununterbrochen. Dieser kann in der Natur eine Länge bis über 20 cm erreichen, bleibt aber im Aquarium meist kleiner. Andere (z. B. *S. multipunctatus*) mischen ihre Eier nach Kuckucksart geschickt unter die maulbrütender Cichliden.

● Lebendgebärende Zahnkarpfen (Unterfamilie Poeciliinae)

Diese Unterfamilie ist innerhalb der Familie Poeciliidae noch mit den eierlegenden Leuchtaugenfischen (Unterfamilien Aplocheilichthynae und Fluviphylacinae) verbunden. Die Mitglieder einiger Lebendgebärenden-Gattungen gehören zu den beliebtesten Aquarienfischen. Sie kommen vom Süden Nordamerikas bis in den subtropischen Süden von Südamerika vor. Die aquaristisch interessanten Arten werden jedoch kaum noch als Wildformen eingeführt, sondern in großen Zuchtstationen in Florida/USA, Südostasien und Südafrika nachgezogen und millionenfach importiert. Selbst junge Aquarianer sind durchaus in der Lage, diese vermehrungsfreudigen Fische zur Fortpflanzung zu bringen, wenn sie die einfachen Bedingungen (gesundes Wasser und abwechslungsreiche Nahrung) erfüllen. Da lebendgebärende Fischweibchen im Körperinneren befruchtet werden müssen, verfügen die Männchen über ein sogenanntes Gonopodium, ein Fortpflanzungsorgan, mit dem sie ihr Sperma übertragen. Da das Gonopodium einer Art aber dem einer anderen ähnlich sein kann, ist bei Vergesellschaftung solcher Arten eine meist unerwünschte Kreuzung bzw. Bastardisierung möglich.

Micropoecilia parae

Die kleinen Kärpflinge sind von den Guyana-Ländern bis in den brasilianischen Bundesstaat Pará verbreitet und sind wegen der großen Variabilität ihrer Männchen bekannt. Sie erreichen eine Länge bis etwa 4,5 cm (Männchen kleiner). Im Vergleich mit dem Guppy sind sie empfindlicher.

Poecilia reticulata (Guppy)

Der Millionenfisch gehört zu den bekanntesten Aquarienbewohnern und ist überaus anpassungsfähig. Es gibt sie in vielen Zuchtformen. Das Aussehen sogenannter Standardformen sind genau festgesetzt. Man soll stets Tiere nur einer Form in einem Aquarium pflegen.

Poecilia velifera (Segelkärpfling)

Von der Art gibt es verschiedenfarbene Zuchtformen in Orange, schwarz und schwarz gescheckt, die sich sehr gut und leicht pflegen lassen. Sie benötigen aber aufgrund ihrer Länge bis zu 15 cm (Weibchen 5 cm mehr) ein entsprechend geräumiges Aquarium.

Priapichthys nigroventralis
(Rußflossenkärpfling)

Eine sehr kleinbleibende Art aus dem Nordwesten Kolumbiens. Die nur 2,5 cm großen Männchen fallen durch ihr langes Gonopodium auf. Die Haltung erfolgt am besten im Artbecken.

Xiphophorus helleri,
(Helleri, Schwertträger)

Der weltbekannte Helleri ist in sehr vielen Formen und Farben gezüchtet worden. Seine natürlichen Lebensräume reichen vom Osten Mexikos (Río Nautla) bis ins südlich gelegene Belize und steigen auch in höhere Lagen auf. Länge ohne Schwert bis 5 cm.

Xiphophorus maculatus
(Platy, Spiegelkärpfling)

Aus der Stammform dieser Art wurden viele Zuchtformen entwickelt, darunter solche wie Blauspiegel-, Korallen-, Wagtail-, Tuxedo- oder der Blutende-Herz-Platy. Alle sind in der Aquaristik bestens eingeführt und leicht zu pflegen.

Xiphophorus multilineatus
(Gebänderter Schwertträger)

Eine sehr schöne Art aus dem Einzug des Río Pánuco (Río Coy) im Westen Mexikos (Bundesstaat San Luis Potosí). Die Tiere mögen kein saures Wasser und weich soll es auch nicht sein, denn das Wasser des Río Coy ist schon recht hart, wie Tests gezeigt haben.

Xiphophorus variatus
(Veränderlicher Spiegelkärpfling)

Die leicht zu pflegenden Zuchtformen dieser Art kennen wir als Papageien-, Hawaii-, Marigold-Platy oder auch als Korallen- oder Goldvariatus. Die Farben- und Formenpalette ist groß und im Handel immer teilweise erhältlich.

● Eierlegende Zahnkarpfen/Killifische (versch. Familien)

Killifische bewohnen tropische und subtropische Regionen der Alten wie der Neuen Welt mit Ausnahme von Australien. Es handelt sich dabei durchweg (Ausnahmen sind gegeben) um kleinere, zum großen Teil in der Männchenform sehr bunte Fische, die zwar in vielen Fällen gesellschaftsfähig sind, von den meisten Aquarianern im Artenaquarium gepflegt werden. Sie lassen sich nicht mit Trockenfutter ernähren, sondern verlangen fleischliche Kost — lebend oder tiefgekühlt. In vielen Fällen ist die natürliche Fortpflanzung der Fische von den Jahreszeiten abhängig und für den Anfänger mit einigen Hindernissen gespickt, auf die hier nicht näher eingegangen werden kann. Eine Reihe von Arten sind relativ kurzlebig, was auch mit den natürlichen Lebensbedingungen übereinstimmt (Leben im Tümpel, der später austrocknet). Fortpflanzungsmodalitäten und Lebensdauer können aber von Familie zu Familie und Gattung recht unterschiedlich sein. Vor der Anschaffung solcher kleinen Prunkstücke sollte man sich genauer informieren.

Aphyosemion australe (Kap Lopez)

Der Bunte Prachtkärpfling ist hauptsächlich in der braungrauen Stammform oder der goldenen und orangefarbenen Goldform erhältlich. Heimat ist die Westküste des afrikanischen Staates Gabun und die sich im Süden anschließende Republik Kongo (Brazzaville). Länge bis zu 5,5 cm.

Simpsonichthys flammeus (Geflammter Fächerfisch)

Eine der vielen Neuheiten aus dem brasilianisch-/argentinisch/uruguayanischen Raum. Sie stammt aus dem Einzug des Río Paraná. Der bodenlaichende „Saisonfisch" gibt, wie auch seine Gattungsverwandten, seine Eier tauchend in den weichen Boden. Länge bis 3,5 cm.

Diapteron fulgens (Blaulinien-Prachtkärpfling)

Nur wenige Arten dieser Gattung sind bekannt, doch alle verfügen über eine herrliche, rotgetönte Färbung. Die Männchen dieses Haftlaichers zeigen einen roten, blau getüpfelten Körper, von dem sich die orangeroten Schwanz- und Afterflossen durch blaue Linien abgrenzen. Länge bis 3,5 cm.

Epiplatys lamottei
(Lamottes Hechtling)

Ein blaugrundiger Hechtling aus den westafrikanischen Heimatgebieten Guinea und Liberia. Die Tiere aus dem sogenannten Roloff-Stamm sind zwar sehr gefragt, aber leider nur sporadisch im aquaristischen Handel oder im Anschluss an Ausstellungen erhältlich. Länge bis 5,5 cm.

Fundulopanchax sjoestedti
(Sjöstedts Prachtkärpfling)

Der Westafrikaner (Ghana, Nigeria, Kamerun) ist einer der großen und sehr beliebten Prachtkärpflinge, weshalb die Art in die Gattung der größeren *Aphyosemion*-Arten: *Fundulopanchax* gesetzt wurde. Die bis zu 12 cm großen Tiere sind in verschiedenen Varianten bekannt.

Gnatholebias zonatus
(Gestreifter Schleierkärpfling)

Ein südamerikanischer Schleierkärpfling aus dem nördlichen Venezuela. Ausgefallene Killifischarten wie diese trifft man weniger im Handel an, sondern eher bei züchtenden Freunden dieser Arten oder der jährlichen Versteigerung der DKG (vgl. „Nützliche Anschriften").

Nothobranchius rubripinnis
(Rotflossen-Prachtgrundkärpfling)

Die Arten der Gattung gehören der Bodentauchern an, die ihre Eier nach dem Abtauchen in weichen Boden tief vergraben. Allzu saurer Torf ist bei ihnen allerdings nicht sehr beliebt, wie man gelegentlich vernehmen kann. Diese intensiv rotflossige Art stammt aus Tansania. Länge bis 5 cm.

Rivulus chucunaque (Chucunaque-Bachling)

Ein fleißiger Springer aus dem Río Chucunaque im südlichen Panamá. Es handelt sich um einen Haftlaicher. Länge bis 7 cm. Alle Arten dieser Gattung (wie auch viele andere Killifische sind ausgezeichnete Springer. Aquarium deshalb immer gut und dicht (!) abdecken.

● Blauaugen und Regenbogenfische (zwei Familien)

Chilatherina bleheri (Blehers Regenbogenfisch)

In Irian Jaya, der westlichen, indonesischen Seite von Neuguinea liegt die Heimat dieser Art und zwer auf der Vogelkop-(Doberai-)Halbinsel. Zur Haltung der Tiere reicht mittelhartes und leicht alkalisches Wasser aus. Was aber wichtiger ist: Die Nitratarmut, weshalb ein häufiger Teilwasserwechsel für das Wohlbefinden der Tiere unerlässlich ist. Länge bis 10 cm.

Glossolepis incisus (Lachsroter Regenbogenfisch)

Der wohl bekannteste Regenbogenfisch aus dem Sentani-See in Irian Jaya. Die Tiere können im Alter sehr hochrückig werden. Weibchen sind beige bis golden. Größe bis 15 cm.

Melanotaenia affinis var. Pagwi (Nördlicher Regenbogenfisch)

Die wohl schönste Varietät dieser Art aus dem Norden von Papua-Neuguinea im Einzug des Sepik River nahe der Ortschaft Pagwi. Länge bis etwa 14 cm. Neben der goldgrünen Standardform gibt es noch die Bluewater-Variante.

Melanotaenia boesemani
(Boesemans Regenbogenfisch)

Das ist der wohl weltweit verbreitetste Regenbogenfisch. Auch er stammt von der Vogelkop-(Doberai-)Halbinsel im indonesischen Irian Jaya. Neben der orangefarbenen Stammform sind Tiere im Handel, die nur eine blassgelbe Färbung zeigen (Massenzucht?). Man sollte auf ihren Erwerb verzichten.

Melanotaenia parkinsoni
(Parkinsons Regenbogenfisch)

Ein Bewohner des südöstlichen Papua-Neuguinea östlich der Hauptstadt Port Moresby. Die natürlichen Farben wurden vielfach durch Zucht in stärkere Rottöne in der hinteren Körperhälfte abgeändert. Länge 11 bis 13 cm.

Pseudomugil reticulatus
(Genetztes Blauauge)

Eine Art, die einige namentliche Irrungen durchmachte, die jetzt aber durch neue Importe richtiggestellt werden konnten. Die beigegrundigen und gut zu vermehrenden Blauaugen erreichen eine Länge bis etwa 3,5 cm.

⦿ Labyrinthfische (vier Familien)

Aus der Überfamilie der Kletterfische kennen wir eine Reihe bunter Aquarienfische. Ihr Name ist von dem zusätzlichen Atemorgan, dem Labyrinth, abgeleitet, das die Fische befähigt, in sauerstoffarmen Gewässern wie Reisfeldern zu leben. Eine Reihe von ihnen vermehrt sich als Schaumnestbauer, bei denen die Männchen die Brut betreuen.

Betta coccina
(Weinroter Kampffisch)

Dieser kleine Kampffisch gehört den Schaumnestbauern an. Er wird bis etwa 6 cm lang und seine Heimat liegt in Südostasien. Er bevorzugt weiches, leicht saures Wasser und Temperaturen von 24 bis 28 °C.

Betta splendens (Siamesischer Kampffisch)

Der Kampffisch, dessen männliche Schleierform-Nachzuchten vom thailändischen Bangkok aus in alle Welt exportiert werden, wobei es zu sehr vielen und zum Teil herrlichen Farbkombinationen kommt. Für eine Dauerpflege im Gesellschaftsaquarium jedoch ungeeignet. Besser im Artaquarium.

Colisa lalia (Zwergfadenfisch)

Er wird höchstens 5 cm lang und lebt im indischen Tiefland von Indus und Ganges, jedoch weniger im Einzug des Brahmaputra. Schaumnestbauer, der sein Nest an ufernahe Pflanzen hängt. Auch für kleinere (60 bis 80 cm) Becken geeignet.

Ctenopoma acutirostre (Leopard-Buschfisch)

Als „süßes" Jungtier eingeführt. Wird aber 15 bis 18 cm groß. Er stammt aus dem Einzug des Kongo-Flusses in Afrika, lebt räuberisch und betreibt keine Brutpflege.

Microctenopoma ansorgii (Orange-Buschfisch)

Sind die Tiere in Brutstimmung, zeichnen sie sich durch intensive Farbigkeit aus. Sie bauen ein Schaumnest und betreiben Brutpflege. Größe 6 bis 8 cm. Heimat Afrika, im Einzug des Kongo bis hinauf nach Kamerun.

Foto: D. Bork

Trichopsis vittata (Knurrender Gurami)

Die bis zu 6,5 cm langen kleinen Guramis sind über weite Gebiete Südostasiens einschließlich einiger indonesischer Inseln verbreitet. Sie stoßen knurrende Laute aus und bauen ein Schaumnest. Das Männchen betreibt Brutpflege. Keine besonderen Ansprüche an die Wasserqualität.

◯ **Blaubarsche (Familie Badidae)**

Badis badis (Blaubarsch)

Die kleinen cichlidenähnlichen Höhlen- bzw. Versteckbrüter stammen aus dem nördlichen Indien und dem sich anschließenden Myanmar (dem früheren Birma/Burma). Sie nehmen nur fleischliche Kost! Es wurden einige Unterarten beschrieben, darunter *Badis badis burmanicus,* der viel rote Farbanteile aufweist. Eine größere Revision der Familie ist in Vorbereitung.

Badis bengalensis (Scarlet-Blaubarsch)

Neueste Entdeckung aus Bengalen im nördlichen Indien. Die sehr kleinen Tiere (Männchen wachsen nicht über 2,5 cm hinaus) sind trotz ihrer geringen Größe sehr attraktiv. Sonst wie *Badis badis.*

◯ **Afrikanische Buntbarsche (Familie Cichlidae)**

Buntbarsche leben in Afrika (bis in den Nahen Osten) sowie Mittel- und Südamerika. Die Mitglieder der sehr artenreichen Familie haben in all ihren Lebensräumen unterschiedlichste Nischen besetzt und dabei viele Anpassungen vollzogen. Die Geschlechter sind bei den meisten Arten gut zu unterscheiden. Ihre Fortpflanzung vollzieht sich auf fast jede nur denkbare Weise als Maul-, Offen-, Versteck-, Höhlen- und Substratbrüter, wobei es bei der Laichbefruchtung wiederum besondere Spezialisten gibt.

Aulonocara maylandi maylandi (Schwefelkopf-Kaiserbuntbarsch)

Ein Bewohner des Malawisees, der hier von Eccles Reef bekannt wurde. Länge bis 10 cm. Maulbrüter. Als Unterart beschrieben wurde *A. maylandi kandeensis* aus dem Gebiet der Kande-Insel vor Bandawe Point am westlichen Seeufer. Allesfresser, der als endemischer Bewohner dieses Sees kein saures Wasser schätzt.

Haplochromis nyererei
(Nyereres Viktoriabuntbarsch)

Heimat ist der Victoriasee in Ostafrika (Mwanza Bay). Die Tiere werden bis etwa 10 cm groß, ihre Männchen sind farblich attraktiv und vermehren sich durch Maulbrüten. Wasser alkalisch (über 7,0 pH).

Julidochromis marlieri
(Schachbrett-Schlankcichlide)

Ein Versteckbrüter aus dem Tanganjikasee, den man überwiegend in der nördlichen Seehälfte antrifft. Weibchen übertreffen die Männchen an Größe (12 bis 15 cm). Nicht in Becken unter 100 cm Länge pflegen. Wasser mittelhart und alkalisch! Allesfresser.

Maylandia zebra
(Malawi-Zebra-Buntbarsch)

Eine namengebende Art des Zebra-Komplexes, der nun mit diesem Gattungsnamen belegt ist. Die Tiere bewohnen küstennahes Felslitoral, wo sie (einheimisch) als „Mbuna" bekannt sind. Wasser ziemlich weich und alkalisch. Maulbrüter. Größe bis 12 cm.

Neolamprologus brevis
(Kurzer Schneckenbuntbarsch)

Ein gedrungen gewachsener Schneckenhausbewohner aus dem Tanmganjikasee, wo die Tiere über Sandgrund in leeren Gehäusen der *Neothauma*-Schnecken als Versteckbrüter leben. Wegen der Alkalität des Wassers (saures Wasser würde die Gehäuse zerstören) bleiben diese Gehäuse nach dem Tod der Schnecken lange Zeit erhalten. Länge bis 5,5 cm, Weibchen nus 3,5 bis 4 cm.

Ophthalmotilapia nasuta (Nasen-Fadenmaulbrüter)

Ein nasenartiger Vorsprung ziert den Kopf dieser Art aus dem Tanganjikasee. Es sind mehrere geografische Varianten bekannt. Die hier gezeigte „Tiger"-Variante stammt aus der Umgebung von Chimba und Cape Chipimbi in Sambia (Cameron Bay). Mittelhartes alkalisches Wasser. Maulbrüter und Allesfresser. Länge bis 16 oder 18 cm.

Pelvicachromis pulcher (Purpurprachtbuntbarsch)

Ein häufig gepflegter Zwergbuntbarsch (bis 10 cm) aus Westafrika (Nigeria, Kamerun), der gut zu pflegen und als Höhlenbrüter gut zu vermehren ist. Akzeptiert jedes gesunde Wasser.

Steatocranus casuarius (Buckelkopfcichlide)

Vom strömungs- und stromschnellenreichen Unterlauf des Kongoflusses (Westfrika) stammend. Leicht zu pflegender und zu vermehrender Buntbarsch, der fast jedes gesunde Wasser akzeptiert und ein versteckreiches Aquarium schätzt.

Tropheus moorii var. „Kirschfleckmoorii"

Aus der reichhaltigen Vielfalt der *Moorii*-Varianten, die rund um den Tanganjikasee verteilt sind, ist diese Spezies mit den zwei kräftig kirschroten Flecken sehr attraktiv. Diese Tiere leben im Gebiet um den Bulu Point in der Mitte der tansanischen Ostküste. Mittelhartes alkalisches Wasser. Maulbrüter und Allesfresser. Länge bis 12 cm.

● Amerikanische Buntbarsche (Familie Cichlidae)

Aequidens rivulatus (Goldsaumbuntbarsch)

Die Gattung ist revisionsbedürftig. Von dieser Art kennen wir einen Goldsaum- und einen Silbersaumbuntbarsch, die möglicherweise auf diese und eine aufzustellende Art aufzuteilen wären. Der hier vorgestellte Goldsaumcichlide stammt aus dem Westen von Ecuador und wird etwa 20 cm lang. Es handelt sich um einen häufig gepflegten und nachgezüchteten Offenbrüter.

Apistogramma hongsloi (Rotstrich-Zwergbuntbarsch)

Zuchtform des Zwergcichliden aus den Systemen von Río Meta und Río Vichada im östlichen Tiefland Kolumbiens. Männchen können bis zu 8, Weibchen bis zu 5 cm lang werden. Es wird nur fleischliches Futter genommen. Die Fortpflanzung erfolgt in Höhlen, wobei das Weibchen die Brutpflege übernimmt.

Cichlasoma fenestratum (Fensterbuntbarsch)

Ein in die Sektion (Gattung?) *Theraps* gehörender Cichlide, der bis zu etwa 24 cm Länge erreichen kann und somit nur für eine Haltung in großen Becken geeignet ist. Es handelt sich um einen sehr schönen Offenbrüter, dessen Männchen zur Brutzeit an Rot noch zunehmen. Heimat im Süden Mexikos von Oaxaca bis zur Laguna de Términos.

Cichlasoma synspilum (Quetzalbuntbarsch)

Die Art, deren Männchen im Alter eine imponierende Stirnwölbung bekommen, sind von Südmexiko (Río Usumacinta/Tabasco) über Guatemala (Petén, Río de la Pasión) bis nach Belize (Belize River) verbreitet. Sie können (über mehrere Jahre wachsend) eine Länge bis zu 30 cm erreichen. Offenbrüter.

Geophagus steindachneri
(Rothauben-Erdfresser)

Der Maulbrüter mit den Synonymen *G. hondae* und *G. magdalenae* stammt aus dem System des in Kolumbien nach Norden in die Karibik entwässernden Río Magdalena. Männchen können 12 bis 14 cm lang werden und bekommen mit der Reife einen roten Kopfhöcker. In guter Kondition sind die Tiere bei der Fortpflanzung sehr produktiv.

Microgeophagus ramirezi
(Schmetterlingsbuntbarsch)

Einer der beliebtesten Aquarienfische überhaupt. Die Art lebt in weiten Gebieten entlang des Río Orinoco in Venezuela. Eine weitere Art, *M. altispinosus*, kommt im der brasilianisch/bolivischen Grenzgebiet (Río Mamoré) vor. Es handelt sich beim hier angesprochenen um einen Offenbrüter, von dem es eine blaugrundige Wild- und gelbgrundige Zuchtform im Handel gibt.

Pterophyllum scalare
(Skalar, Segelflosser)

Skalare trifft man in vielen Aquarien an. Sie können bis zu 15 cm lang und über 20 cm hoch werden – vorausgesetzt, man gibt ihnen Zeit und Raum. Sie haben sich über weiten Teilen Amazoniens und den angeschlossenen Guayana-Ländern verbreitet. Von ihnen wurden verschiedene Zuchtformen entwickelt. Nicht mit Lebendgebärenden zusammen pflegen, weil sie deren Jungfische fressen. Ebenfalls nicht mit Sumatrabarben (siehe dort).

Symphysodon aequifasciatus
(Diskusbuntbarsch)

Der König amazonischer Aquarienfische wird in vielen geografischen Varianten eingeführt und in noch mehr Zuchtformen angeboten. Neben dieser hauptsächlich gezüchteten Art kennen wir noch *Symphysodon discus,* der als Pompadur- oder Heckel-Diskus bekannt wurde, aber nach derzeitigen Wissen nur äußerst schwer im Aquarium zur Fortpflanzung zu bewegen ist. Über diese Fische gibt es ansehnliche Spezialliteratur.

Fütterung der Fische

In diesem künstlichen Lebensraum, den das Aquarium darstellt, ist eine sachgerechte Pflege der Fische für sie die beste Lebens- und Überlebensvoraussetzung. Dazu gehört auch die richtige Ernährung. Wir alle haben gelernt, dass es eine Nahrungspyramide gibt, in der die Großen die Kleinen Fressen und pflanzliche Zutaten von Anbeginn an mit eingeschlossen sind, ja, dass es ohne die pflanzlichen Beigaben und ohne deren Möglichkeiten, aus Wasser und Kohlenstoff (CO_2) mit Hilfe der Sonnenenergie im Rahmen der Fotosynthese Traubenzucker zu bereiten, kein höheres Leben geben kann.

Die Lage der Maulöffnung ist dem Nahrungserwerb der Tiere angepasst. a=oberständig (wenn die Nahrung überwiegend von oben kommt) b=endständig (wenn die Nahrung im mittleren Wasserbereich aufgenommen wird) c=unterständig (wenn das Tier die Nahrung überwiegend vom Boden aufnimmt).

Nahrungsaufnahme, Maulformen und Bezahnung

Im Verlauf der Evolution haben sich auch bei den Fischen zwei besondere Anpassungen zur Aufnahme der Nahrung herausgebildet: Die Art der Maulform und die Bezahnung. Je nachdem, wie der Fisch seine Nahrung aufnimmt, sind die Tiere mit einem nach obern gerichteten (oberständigen), nach unten gerichteten (unterständigen) oder nach vorn gerichteten (endständigen) Maul ausgestattet. Bei der Bezahnung wird es noch wesentlich komplizierter, wie wir es am besten von den Malawi-Buntbarschen kennen. Sie sind dann mit Raspelzähnchen und unterständigem Maul versehen, wenn sie, mit dem Bauch zum Felsen gerichtet, Algen von den Steinen weiden. Auch viele Welse (z.B. Panzerwelse) haben ein unterständiges Maul. Andere haben ein endständiges Maul und im Vorderkiefer lange spitze Zähnchen, mit denen sie gezielt Mikroorganismen aus den Algen picken. Raubfische haben meist ein vorderständiges Maul und dazu sogenannte mehr oder weniger lange Hundszähne, mit denen sie ihre Beute packen und festhalten können. Schließlich sind da noch die oberständigen Maulöffnungen für unter der Oberfläche lebende Arten, die hier ihrem Nahrungserwerb nachgehen und Anfluginsekten jagen, wie es zum Beispiel die Beilbauchfische tun. Dazu gibt es Fische, deren Lippen bereits mit Zähnchen besetzt sind (Regenbogenfische und bestimmte Cichliden) und andere (wie die Kugelfische) die mit zangenartig operierenden Zahnleisten ausgestattet und die stark genug sind, um Schneckengehäuse aufzubrechen.

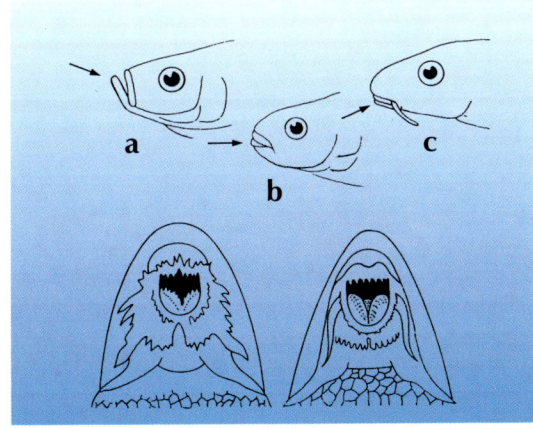

unten: Saugwelse, die dazu in stark stömendem Wasser noch Algen von Hölzern, Steinen und anderen Substraten abweiden, müssen beides gleichzeitig können und sind dazu mit einem kombinierten Saug- und Raspelmaul ausgestattet. Hier die Maulöffnungen zweier *Loricaria*-Arten.

Lebend-, Tiefkühl- oder Flockenfutter

Diese drei genannten Futterarten, die man dazu noch in fleischliche oder pflanzliche Kost unterteilen kann, bilden die Hauptbestandteile der Nahrung für unsere Aquarienfische. Das Futter muss die Bestandteile

Zum Tümpeln nach Wasserflöhen braucht man einen Teich der arm an Fischen, wenn nicht völlig ohne diese ist.

Nach Emporholen des Fanges der Roten Mückenlarven, müssen diese darauf erst noch vom begleiteten Schmutz getrennt werden.

enthalten, an welche der Magen-/Darmtrakt, also die Verdauungsorgane der Fische, eingerichtet sind. Dabei kommt es auf die Inhaltsstoffe an, also Nährstoffe wie Kohlehydrate, Eiweiße und Fette. Dazu kommen Mineralien und Ballaststoffe sowie Vitamine. Kohlehydrate sind Naturstoffe, die aus Kohlenstoff, Wasserstoff und Sauerstoff bestehen. Eiweiße (Proteine) sind organische Verbindungen, die sich vorwiegend aus Aminosäuren zusammensetzen, von denen etwa 20 in Organismen vorkommen. Fette (Lipide) sind ebenfalls Naturstoffe, die sich jedoch in Wasser nicht lösen. Sie sind als Baustoffe wie auch als Reservestoffe für alle Organismen von großer Bedeutung. Pflanzen speichern Öle hauptsächlich in ihren Samen. Raubfische können mit ihrem überaus kurzen Darmtrakt die meist ballaststoffreiche Pflanzenkost kaum verwerten, die andererseits für Pflanzenfresser lebenswichtig ist. Also fressen Raubfische unter anderen gleich die Pflanzenfresser, um auf diese Weise die Inhalte der Pflanzenkost auf indirektem Wege aufzunehmen.

Ist ein Fisch in seinem natürlichen Lebensraum überwiegend Pflanzenfresser und zur Verarbeitung der mit vielen Ballaststoffen angereicherten Nahrung mit einem langen Darm ausgestattet, so kann er nicht seine Nahrungsaufnahme kurz- oder auch langfristig auf eine andere, sagen wir überwiegend fleischliche Qualität umstellen, ohne Verdauungsprobleme zu bekommen. Dazu kommt, dass auch die Verdauungsenzyme, die dem Darm bei seiner Arbeit unterstützen, dieser ursprünglichen Arbeit angepasst sind. Natürlich wissen sich die meisten Fische in solchen Situationen zu helfen, werden aber auf die Dauer Probleme bekommen, wenn nicht wenigstens ab und zu die passende Nahrung gereicht wird.

Eine wenigstens einmal wöchentlich gereichte Gabe von lebendem Tümpelfutter stärkt die Vitalität der Fische, die es gewohnt sind, solchen zappelnden, rudernden und strampelnden Nährtieren wie Wasserflöhen oder Insektenlarven nachzuschwimmen, um sie zu erbeuten. Wer unbedingt fleischliche Nahrung braucht und die Aufnahme von Flockenfutter verweigert, wie es viele auch kleinere Cichliden tun (z. B. *Apistogramma*-Arten), der nimmt notgedrungen auch tiefgekühlte fleischliche Nahrung und gewöhnt sich mit der Zeit daran, wenn Tümpelfutter oder wenigstens Artemia-Nauplien als Nahrung ausbleiben.

Trocken- und Flockenfutter.

Alle sind aus zermahlenen und in speziellen Zubereitungsmethoden durch Trocknung eines Futterbreies industriell hergestellt, wobei beim späteren Flockenfutter der Brei über eine Walze geführt und behutsam getrocknet wird. Das in Flocken, als Granulat, als Sticks (Stäbchen), in Tablettenform oder (ebenfalls fein gemahlen) als Jungfischfutter angebotene Produkt gibt es in vielerlei Geschmacksrichtungen und ist nach Größe und der Art, das Futter zu ergreifen, zu bestimmten Futtertypen zusammengefasst.

Gefriergetrocknetes Futter.

Es kommt meistens aus Südostasien, wo man Nährtiere schockgefrostet und ihnen anschließend bei einem Dehydratisierungsprozess das Wasser zu entziehen, wodurch wertvolle Inhaltsstoffe erhalten bleiben. Der Nachteil dieses Futters ist, dass es zunächst an der Oberfläche schwimmt, wohin zu schwimmen viele Fische (wegen fischfressender Vögel) eine angeborene Hemmschwelle haben.

Lebendfutter.

Davon kann man Nährtiere beim Tümpeln in einem fischlosen Waldteich fangen (Wasserflöhe. Hüpferlinge, weiße Mückenlarven usw.), an Gewässerrändern oder auf deren Grund erbeuten (Schwarze und Rote Mückenlarven, Tubifex), in Bächen fangen (Bachflohkrebse), in Kästchen oder Gläsern heranziehen (Enchyträen, Essigälchen) oder in Flaschen oder Gläsern zur Entwicklung ansetzen (Artemia-Larven und Infusorien). Sie alle haben ihren begrenzten Nährwert und entwickeln ihre beste Nährwirkung bei abwechselnder Fütterung.

Tiefkühlfutter.

Hier werden all diese Nährtiere und noch einige dazu in tiefgekühltem Zustand als Futter angeboten. Eine äußerst praktische, wenn auch etwas teurere Möglichkeit, vor allem Fischen, die ausschließlich fleischliche Kost annehmen, zu ernähren. Man kann die meisten Futterarten in Platten- wie auch in Blisterform (= Riegelform zum Aus- oder Abbrechen) erhalten. Daneben gibt es weitere Nährtiere wie ausgewachsene Salinenkrebse (*Artemia salina*), überbrühte Bachfloh- oder auch aus dem Panzer gepulte Meereskrebse).

Pflanzliches Futter.

Man kann es im Garten selber anbauen oder beim Kaufmann erwerben: Kopfsalat, Salatgurken, Erbsen, Haferflocken usw. Vom Kopfsalat nimmt man einige Blätter, wäscht sie und beschwert sie mit Hilfe eines Steines und eines Gummiringes, damit die zu Boden sinken. Ein Stück Salatgurke, nicht zu groß und quer zerteilt wird ebenso beschwert und sein Inhalt gern von Harnisch- und anderen Welsen während der Nacht teilweise verspeist. Haferflocken oder auch Erbsen werden eingeweicht bzw. kurz angekocht und darauf zerquetscht gereicht. Man muss zu-

Wenn Fische um Futter betteln . . .

Kommt der Pfleger dem Aquarium nahe, so schwimmen viele Fische zur gewohnten Futteröffnung, wedeln mit den Flossen und betteln um ein Leckerchen. Wer dem ebensowenig widerstehen kann wie dem Hund am Essenstisch, der wird bald verfettete und wenig ansehnliche Fische sein Eigen nennen.

Eine „Fütterung auf Vorrat"

Wer glaubt, dass eine Fütterung, die den ganzen Tag über „auf Vorrat" gereicht wird, etwas vorbeugend Gutes wäre, der irrt gewaltig! Was die Fische nicht in wenigen Minuten verzehrt haben, bleibt fast immer liegen, verdirbt und belastet das Wasser. Das gilt in abgeschwächter Form sogar für lebende Futtertiere, denn auch sie haben einen Stoffwechsel, mit dem sie das Wasser belasten.

nächst den Geschmack der Fische ergründen und vorsichtig beginnen. Auch dazu kann man einfacherweise Tiefkühlnahrung verwenden. Nicht vergessen: Nicht Gefressenes sollte bald wieder entfernt werden!

Ein spezielles Futter sind Artemia-Nauplien (-Larven).

Für die Aufzucht von Jungfischen, die nicht zu kleine Mäulchen haben (für die noch kleineren verwendet man Infusorien oder das Fertigfutter „Liquifry"), kann man die winzigen rötlichen Zysten („Eier") des Salinenkrebses (*Artemia salina*) , die meist aus den Salzseen der westlichen USA zu uns kommen, verwenden. Der Schlupf ist mit bescheidenen Mitteln zu erreichen. Man benötigt dazu ein sogenanntes Kulturgerät, das aus zwei Plastiröhrchen und einem ebensolchen Stopfen besteht (Handel) sowie eine klare Wasserflasche und eine elektrisch betriebene einfache Luftpumpe. Die Eier kann man schon in kleinen Einheiten kaufen (bei guter Schlupfrate ergibt 1 g Artemia-Eier = 250.000 Nauplien). Sie werden mit Meer- oder jodfreiem Kochsalz (32 g je Liter Wasser) zusammen in die Flasche gegeben, die darauf zu $^2/_3$ mit Leitungswasser gefüllt wird (ergibt $^1/_2$ Liter Wasser für 16 g Salz). Nun wird das Kulturgerät aufgesetzt und die Pumpe bei Raumtemperatur in Betrieb genommen. Je nach Temperatur schlüpfen die Larven nach 24 bis 48 Stunden. Sie können sofort verfüttert werden (nicht aber ihre Hüllen natürlich!). Ohne besondere Fütterung können auch die Larven nicht überleben und sollten daher bald verfüttert bzw. nun selber mit „Liquizell" gefüttert werden.

Artemia-Ernte im Mono Lake in Kalifornien.

Welcher Fisch mag was?

Mit der Entwicklung der Arten hat sich auch bei den Individuen eine besondere Bevorzugung bestimmter Nahrung eingestellt. Das heißt, auch sogenannte Allesfresser nehmen nicht gleichmäßig „alle" an Nahrung auf, sondern entwickeln bestimmte Vorlieben, die auch von den Stoffen geprägt sein können, die (bei Wildfängen) im seitherigen Lebensraum vorkamen. Man kann bei der Fütterung beobachten, dass Fische nach kurzem Test bestimmte Futterpartikel wieder ausspucken und andere dagegen begierig aufnehmen.

Als bestes Beispiel lassen sich die kleinen Echten Salmler der Familie Characidae anführen. Sie fehlen praktisch in keinem Aquarium und werden in der Regel „Allesfresser" bezeichnet. Ihr gemeinsames Merkmal ist fast immer ein endständiges Maul ohne Barteln (wie bei Barben und Rasboren vielfach vorhanden), so dass sich eine dauernde Nahrungsaufnahme vom Boden ausschließt. Ihre Bezahnung ist der unterschiedlichen Nahrung angepasst und somit variabel. Dazu kommt eine ebenfalls variable Darmlänge, welche den Begriff „Allesfresser" erklärt. Diese Fische lassen sich nur deshalb mit unterschiedlichen Futterarten ernähren, weil sie entsprechend ihren ursprünglich heimatlichen Lebensräumen an alle Ökotypen angepasst sind.

Wie oft und wie viel füttern?

In ihrem natürlichen Lebensraum nehmen die Fische den ganzen Tag (oder auch die Nacht) über Nahrung auf. Niemals viel, und sie nippen mal hier und mal dort an dem, was ihnen fressenswert erscheint. Eine derartige Ernährungsweise können wir ihnen im Aquarium leider kaum bieten. Trotzdem dürfen wir nicht zu üppig füttern, und wir tun das meist auch nur einmal am Tag, doch soll auch dann nur soviel gefüttert werden, wie von den Fischen in einem übersichtlichen Zeitraum von drei oder vier Minuten aufgenommen werden kann. Keine Bange. Sie werden trotzdem nicht verhungern! In einem größeren alteingerichteten Aquarium, das dazu nicht überbevölkert ist, finden die Tiere immer wieder kleine Nahrungspartikel, ob Algen, Mikroorganismen oder beides zugleich, mit denen sie ihren Appetit stillen.

Jungfische sollte man wie kleine Kinder behandeln: Beide können nur kleine Nahrungsmengen aufnehmen, dafür meldet sich aber bei ihnen öfters der Hunger. Ist die Kinderschar groß und schwimmt nicht in einem speziellen Aufzuchtaquarium, so kann ein Futterapparat helfen, mehrere Male eine kleine (!) Futtertablette oder (wenig) pulverisiertes Futter abwerfen, um die erste Zeit den Jungen ausreichende Nahrung anzubieten.

Es gibt elektrisch gesteuerte Futterautomaten verschiedener Produktionen. Hier „Rondomatic" mit 28 Kästchen, die in erster Linie für Futtertabletten oder Flockenfutter vorgesehen sind.

Kleine Einführung in die Fortpflanzung der Fische

Fische pflanzen sich nur dann fort, wenn die aquaristischen Rahmenbedingungen stimmen, sie sich im Aquarium wohlfühlen. Dabei kommt es nicht immer auf irgendeine „Hohe Kunst" des Züchters an, sondern einfach nur darum, den bei Einsteigern meist weniger anspruchsvollen Aquarienbewohnern ihr neues Heim so angenehm wie möglich zu gestalten. Einige grundsätzliche Dinge sollte man dazu jedoch bereits wissen.

Geschlechtsunterschiede

Man spricht von primären und sekundären Geschlechtsmerkmalen. Vereinfacht ausgedrückt: Die ersten befinden sich in den meisten Fällen die im Inneren des Körpers, wo man sie nicht sehen kann, die anderen lassen sich unterschiedlich gut von außen erkennen. Eine Ausnahme bilden hier die Lebensgebärenden, deren Männchen ihre Partnerinnen im Inneren des Körpers befruchten und deshalb mit einem Begattungsorgan ausgestattet sein müssen, das (fast immer) äußerlich gut erkennbar ist.

Bei vielen Arten, etwa den Salmlern, sehen geschlechtsreife Männchen und Weibchen gleich aus, doch bereits während der Reife zeigen die männlichen Tiere einen auffallend schlanken Körper, während die Weibchen in der Bauchpartie fülliger werden, manchmal auch körperlich etwas größer. Oft kommen leicht übersehbare Merkmale hinzu, wie etwa eine andere Form der Afterflosse. Das kann sich aber bereits von Art zu Art unterscheiden.

Andere bestimmter Familien, wie etwa viele bekannte Cichliden der zentralafrikanischen Seen, zeigen einen sogenannten Sexualdimorphismus, das heißt, Männchen und Weibchen unterscheiden sich deutlich durch eine andere Färbung und Musterung.

Bei wieder anderen Arten, darunter vielen Buntbarschen hauptsächlich aus Westafrika sowie Mittel- und Südamerika, zeigt sich der geschlechtliche Zweigestaltigkeit in Form von zugespitzten oder mit Filamenten verlängerten Flossen (bei den Helleris ist es sogar ein „Schwert°) und kräftigeren Farben bei den Männchen, während die Weibchen relativ eintönig und unauffällig aussehen. Es gibt dabei aber auch Unterschiede, etwa bei den Weibchen der westafrikanischen Zwergbuntbarsche der Gattung *Pelvicachromis,* die im normalen Leben, besonders aber zur Zeit der Fortpflanzung eine oft grelle Färbung des Bauches zeigen.

Nachwuchs im Gesellschaftsaquarium

Wer freut sich nicht, wenn er plötzlich in seinem Aquarium Jungfische erkennt, die sich ohne sein Zutun entwickelt haben? Von welchen Eltern stammen sie ab? Können diese Nachkommen überleben? Nun, bis jetzt leben sie jedenfalls noch, haben sie überlebt, ohne selbst Opfer von Mitbewohnern zu werden.

Die erste Frage: Befinden sich Lebendgebärende Zahnkarpfen wie Guppys, Helleris und Verwandte im Aquarium? Von ihnen ist zuerst zu erwarten, dass sie, deren Nachkommen sich im Mutterleib als voll lebenstüchtige Fische entwickeln und die schließlich, nachdem sie ihre Eihülle dort gesprengt haben, den Leib der Mutter verlassen haben, und jetzt als „Nachzucht" beglücken. Solange keine Räuber, die Jagd auf sie machen (vornehmlich Skalare und andere Buntbarsche), im Aquarium gepflegt werden und dazu ein einigermaßen dichter Bestand an feinfiedrigen Pflanzen vorhanden ist, zwischen denen sich die Jungen verstecken können, ist die Gefahr nicht groß. Vom täglichen Futter werden sie schon etwas abbekommen. Zudem kann man einige Flockenfuttergaben mit der Hand zerreiben, um den kleinen Mäulchen der Jungfische die Aufnahme zu erleichtern, falls kein feines Jungfischfutter vorhanden ist. Nachwuchs, der sich ohne weiteres Zutun des Pflegers einstellt, ist in der Regel so robust, dass er problemlos überlebt, falls ihm kein Jungfischfresser nachstellt.

Einrichtung eines Zuchtaquariums

Um zu jungen Fischen, zu Nachzuchten zu kommen, muss man nicht auf Zufälle wie den Geschilderten warten. Aquarienfische lassen sich in speizell dafür eingerichteten Zuchtaquarien noch wesentlich erfolgreicher vermehren — wenn bestimmte Grundvoraussetzungen erfüllt werden. Sie sind in ihrer Größe dem Schwimmbedürfnis der Fische angepasst und (wichtig!) mit geeignetem, in seiner Gesamthärte und pH-Wert zusammengestelltem Zuchtwasser gefüllt. Für viele kleine Salmler, Barben, Rasboren genügen im Allgemeinen Becken mit 20 bis 30 cm Länge. Sind die Zuchttiere größer und ihr Schwimmbedürfnis während der Balz und beim Paarungsverhalten ist weiter ausgeprägt (größere Salmler und Barben, Danios usw.), so sollten sich die Beckengrößen auf 60 bis 100 cm steigern.

Für die häufig gepflegten und im Aquarium vermehrten brutpflegenden Buntbarsche gilt die Regel, dass man sie ebenfalls paarweise in ihrer Größe entsprechenden und Brutgewohnheiten angepasst hergerichteten Becken (z. B. Höhlen) ansetzt. Da diese Fische meistens zur Fortpflanzung Brutreviere einrichten und diese hart verteidigen, kann die Vermehrung auch im Gesellschaftsaquarium stattfinden, wenngleich oft genug darunter alle Mitbewohner zu leiden haben.

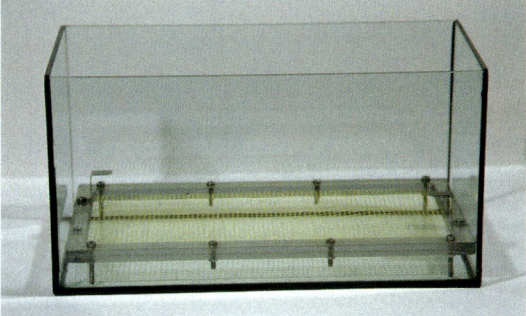

Die hier abgebildete Form eines Eigenbau-Laichrosts soll zeigen, wie ein guter Rost (mit Handgriff!) auszusehen hat.

Viele nicht brutpflegenden Aquarienfische sind Laichräuber (Salmler, Barben, Danios), das heißt, sie stellen ihren eigenen Eiern nach Ablage und Befruchtung nach, sobald sich ihr direkter Fortpflanzungstrieb gelegt hat. Für sie empfiehlt sich das Einbringen eines sogenannten Laichrostes oder einer Laichmatte aus Kunststoffgaze mit einer nur wenige Millimeter großen Maschenweite. Ob man die Gaze nur einfach gewölbt über den Aquarienboden gibt oder sie in einen dafür hergestellten Rahmen spannt, bleibt dem Geschick und der züchterischen Erfahrung jedes Einzelnen überlassen. Die Gaze soll 1 bis 3 cm über den Boden gespannt sein, so dass die abgegebenen Eier hindurchfallen und von den Alttieren nicht mehr erreicht werden können. Man kann sie nach Ablauf des Laichvorganges bequem mit einer Pipette absaugen und in ein Aufzuchtaquarium (mit gleicher Wasserqualität!) überführen. Werden Pflanzen wie z.B. ein Javamoosbüschel als Laichsubstrat auf die Gaze gegeben, so ist dabei auf strenge Sauberkeit zu achten. Das Aquarium ist gut abzudecken, weil bestimmte sprungaktive Arten (*Carnegiella*, *Copella*, *Thayeria*) ohne diesen Schutz aus dem Zuchtaquarium springen könnten.

Zuchtkonditionierung

Es sollte für jeden Züchter selbverständlich sein, dass er die Zuchttiere vor dem Ansetzen aussucht und nur die kräftigsten mit den schönsten Farben und der exaktesten Musterung wählt. Sodann kommt es darauf an, besonders weiblichen Tieren neben optimalen Lebensbedingungen auch kräftiges und abwechslungsreiches (möglichst auch lebendes) Futter zukommen zu lassen. Zuchttiere vieler Arten brauchen zur Paarungs- und Laich-Stimulation neben der bereits angesprochenen Wasserqualität besondere Hilfen, wie Art und Dauer des Lichteinfalls, einen besonderen Bodengrund (bei Killifischen) und anderes mehr. Hier sollen jedoch zunächst nur in einer Einführung die wichtigsten angesprochen werden. In spezieller Literatur kann man sich dann über weitere Hinweise informieren (vgl. Mayland, 1996).

Balz und Paarung

Die Balz dient in erster Linie als Paarungsvorbereitung und damit zur Synchronisation von Eiabgabe und Befruchtung. Arttypische Farbveränderungen (Brutfärbung) wie auch bestimmte Bewegungsmerkmale (Schlüsselreize) lösen bei beiden Tieren, besonders aber den Weibchen, biologische Energien aus und setzen dabei z.B. die Eiproduktion in Gang.

Das Paarungs- oder Ablaichverhalten kann sich bei den einzelnen Arten stark unterscheiden und wird unter anderem auch von der Ablaichperiodik bestimmt. So kennen wir z.B. Blauaugen (*Pseudomugilidae*) und Regenbogenfische (*Melanotaeniidae*) als „Dauerlaicher", die (dem Begriff zuwider) nicht dauernd laichen, sondern während eines bestimmten Zeitraumes fast täglich, jedoch dabei immer nur eine begrenze Zahl von Eiern abgeben. Bei vielen anderen Arten wird die Laichperiodik vom Einsetzen der Regenzeit und dem darauf folgenden Hochwasser (mit seinen dann vielen kleinen Nährtieren für die Brut) bestimmt. Im

Aquarium hilft zur Vortäuschung der Regenzeit ein besonders intensiver Teilwasserwechsel. Bei den revierbildenden Buntbarschen werden nun die Männchen untereinander besonders aggressiv, ein Grund, zu jedem Weibchen nur ein Männchen zu gesellen.

Die eigentliche Paarung, die im Grunde mit der Befruchtung endet, muss nicht unbedingt unmittelbar mit der Ablage der Eier in Zusammenhang stehen. Weibchen bestimmter Arten (z. B. Lebendgebärende Zahnkarpfen oder Salmler der Unterfamilie Characidae/Glandulocaudinae) setzen ihre Jungfische bzw. ihren Laich nach zuvor erfolgter Vorratsbefruchtung und dann ohne Beteiligung der Männchen ab. Sandcichliden und andere aus den zentralafrikanischen Seen bauen Laichkrater, in welche ein Männchen ein Weibchen lockt und sein Sperma bereits kurz zuvor auf dem Kratergrund deponiert hat, damit das Weibchen dann seine Eier dazugibt. Die Weibchen des Spritzsalmlers (*Copella arnoldi*) laichen auf Blättern außerhalb des Wassers ab und springen dazu mehrere Zentimeter hoch über den Wasserspiegel hinaus. Die Männchen springen entweder zusammen mit den Weibchen oder müssen folgen und nun die Eier gezielt befruchten. Dabei kommt es kaum zur Berührung der Fortpflanzungspartner. Betrachten wir die Maulbrüter Afrikas und Südamerikas, die ihr Fortpflanzungsverhalten trotz des gemeinsamen Maulbrütens letztlich doch auf unterschiedliche Weise betreiben, so kann man sagen, dass es eine breite Palette sehr unterschiedlichen Verhaltens bei Paarung, Ablaichen und Befruchten gibt, das bei einem Zuchtversuch im Aquarium natürlich seine Berücksichtigung finden muss und das der Pfleger kennen sollte.

Ei- und Jungfischentwicklung

Die Ei- oder Keimlingsentwicklung bis zum Schlupf der Larven oder der bereits schwimmfähigen Jungfische kann bei den Fischen unterschiedlicher Arten von einem Tag bis zu mehreren Monaten dauern. Sie ist in den meisten Fällen temperaturabhängig und verläuft in wärmerem Wasser oder Boden in der Regel schneller als in kühlerem. Durch fortwährende Zellteilung erhält der Embryo Gestalt, wobei in der Folge die Phase der Organbildung eingeleitet wird. Schließlich beginnt das Herz zu schlagen und treibt das Blut in den Kreislauf des Körpers und des Dottersacks. Nun bilden sich Schwanz, Augen und Flossen und die Eihülle wird gesprengt, so dass sich der Körper der Fischlarve strecken kann. Noch zehrt die Larve vom Inneren des Dottersacks. Ist dieser Vorrat verbraucht, so haben sie sich zu schwimmfähigen Jungfischen entwickelt und müssen nun selber auf Nahrungssuche gehen.

Wie gut sich die Jungfische körperlich entwickeln, häng sehr von der Qualität ihrer weiteren Aufzucht ab (Beckengröße, Fütterung, Teilwasserwechsel).

Aufzucht

Nachdem die Entwicklung der Nachkommen einer Fischart einen zeitlich unterschiedlichen Weg zurückgelegt hat, ist mit dem Freischwimmen der Jungfische die Zeit gekommen, sie besonders gut für ihr späteres Leben vorzubereiten. Jetzt, wo die Fische frei schwimmen, weil sich ihre Schwimmblase gefüllt hat, beginnen die Fischkinder schon bald — wie alle Tier- und Menschenkinder auch — ihren Bewegungsdrang auszuleben, ihre Muskeln auszubilden, die Bewegungsabläufe zu erlernen und dabei vor allem auch das Sicherheitsbedürfnis, notfalls auch die Flucht, zu erlernen. Dass sie bei all diesen Aktionen einen kräftigen Appetit entwickeln, sollte wohl als selbstverständlich angesehen werden.

Das Wachstum der Jungfische ist zwar von Art zu Art verschieden, aber es soll nicht davon abhalten, den Jungen einen großen Schwimmraum anzubieten, in dem sie sich soviel wie möglich bewegen uns ausschwimmen können. Eine kräftige abwechslungsreiche Ernährung, häufig am Tag gereicht, die sich somit nicht immer auf eine bestimmte Nahrung beschränken sollte, ist die beste Voraussetzung für ein schnelles Wachstum, wie es für Jungfische wichtig ist. Nachlässigkeiten die sich in der Jungfischaufzucht einschleichen, lassen sich später nicht wieder gut machen. Da die Jungfische gut Nahrung aufnehmen und dadurch natürlich auch eine gute Verdauung mit entsprechenden Ausscheidungen entwickeln, sollen in gutem, möglichst nitratfreiem Wasser schwimmen. Das ist der Grund dafür. dass ein sorgsam agierender Pfleger seinen Jungfischen in 2 bis 3tägigem Rhythmus einen 30 bis 50 %tigen Teilwasserwechsel zukommen lassen muss.

Jungfische verschiedener Arten wachsen oft in unterschiedlichen Größen heran. Man kann das vor allem bei Buntbarschen, aber auch bei Barben, Salmlern und Labyrinthern beobachten. Hierbei hat sich gezeigt, dass es zweckmäßig ist, die größeren Tiere von den kleineren zu trennen, weil bei einer sich heranbildenden Rangfolge die Kleineren immer weiter unterdrückt werden und den Hauptteil des Futters ihren größeren Verwandten überlassen müssen. Mit anderen Worten: Sie kümmern. Zieht man sie dagegen in einem besonderen Becken heran, kann das kaum passieren.

Ergänzende Literatur

BORK, D. & MAYLAND, H.J., 1998: Seltene Schönheiten im Süßwasseraquarium.

Birgit Schmettkamp Verlag, Bornheim.

DE GRAAF, A., 1989: Zur Validität von *Echinodorus osiris* RATAJ und *Echinodorus barthii*

MÜHLBERG. Das Aquarium 23 (244/10): 617–619.

DE WIT, H.C.D., 1990: Aquarienpflanzen. Ulmer

HORST, K., 1965: Besserer Pflanzenwuchs durch Eisendüngung, DATZ 18: 248–253.
—,1976: Cryptocoryngewässer unter die Lupe genommen. Aqua Planta 1: 1–3.
—,1971: Zehn Jahre Erfahrung mit Chelaten in der Aquaristik.
    Das Aquarium 5: 466–469.
— & H.E. Kipper, 1985: Das Optimale Aquarium.
    Aquadocumenta Verlag

KASSEBEER, G., 1987: Phosphat im Aquarienwasser. Aquarium heute 5 (4): 52–53.

MAYLAND, H. J., 1990: Diskusfibel. Landbuch-Verlag, Hannover
—,1993: Diskusfische. Landbuch-Verlag, Hannover
—,1995: Cichliden. Landbuch-Verlag, Hannover
—,1995: Praxis Diskusaquarium. Landbuch-Verlag, Hannover
—,1996: Zierfischzucht im Aquarium. Landbuch-Verlag, Hannover
—,2000: Blauaugen und Regenbogenfische. Dähne Verlag, Ettlingen
—,2000: Diskusfische. Kosmos-Verlag, Stuttgart
—,2000: Süßwasseraquarium. Bassermann-Verlag, Niederbhausen
— & D. BORK, 1997: Zwergbuntbarsche — Südamerikanische Geophaginen und
    Crenicarinen. LandbuchVerlag, Hannover
— & —, 2000: Salmler. Kosmos-verlag, Stuttgart

SCHUBERT, G. & D. UNTERGASSER, 1991: Krankheiten der Fische. Kosmos-Verlag, Stuttgart

UNTERGASSER, D., 1989: Die Krankheiten der Aquarienfische — Diagnose und Behandlung. Franckh'sche Verlagshandlung, Stuttgart

Aquaristikzeitschriften

Aquaristik aktuell
Dähne Verlag, Ettlingen

Aquaristik Fachmagazin
Tetra-Verlag, Bissendorf-Wulften

Das Aquarium
Birgit-Schmettkamp-Verlag, Bornheim

Aquarium heute
Aquadocumenta-Verlag, Bielefeld

Aquarium live
bede-Verlag, Ruhmannsfelden

Datz
Verlag Eugen Ulmer, Stuttgart

Diskus Brief
Verlag Horst W. Köhler, Augsburg

Diskus Welt Report
DWR-Verlag, Nürnberg

Nützliche Anschriften

VERBAND DEUTSCHER VEREINE FÜR AQUARIEN- UND TERRARIENKUNDE e. V. (VDA)
Geschäftsstelle: Hans und Ingrid Stiller, Luxemburger Str. 16 44789 Bochum.

ARBEITSKREIS WASSERPFLANZEN im VDA
Leiter: Gerd Eggers, Flachsbleiche 70, 41564 Kaarst

ARBEITSKREIS BARBEN, SALMLER, SCHMERLEN, WELSE im VDA
Leiter: Hans-Jürgen Günther, Rothenburgstr. 4, 12163 Berlin

ARBEITSKREIS ZWERGCICHLIDEN im VDA
Leiter: Jens Thölke, Bahnhofstr. 2, 31319 Sehnde, Te.: 05138-615743

ARBEITSKREIS FISCHKRANKHEITEN im VDA
Leiter: Karl Wilhelm Hamel, Darmstädter Straße 179, 64625 Bensheim
Tel.: 06251-73696

DEUTSCHE CICHLIDENGESELLSCHAFT (DCG) eV.
Präsident: Dr. Wolfgang Staeck, Auf dem Grat 41A, 14195 Berlin, Te.: 030-84107818

ARBEITSKREIS GROSSCICHLIDEN in der DCG
Leiter: Dr. Jochen Mücke, Falkenweg35, 06110 Halle, Tel.: 0345-42066

Deutsche Killifisch-Gemeinschaft (DKG)
Geschäftsführer: Markus Thun, Am Gehege 6, 45525 Hattingen, Tel.: 02324-501470

Deutsche Gesellschaft für Lebendgebärende Zahnkarpfen (DGLZ)
Geschäftsführer: Bernd Poßeckert, Langhausstraße 96, 13086 Berlin, Tel.: 030-9263116

Internationale Gemeinschaft für Labyrinthfische (IGL)
Geschäftsführer: Klaus Frank, Am Haidesand 11, 96146 Altendorf, Tel.: 09545-7987

INTERNATIONALE GESELLSCHAFT FÜR REGENBOGENFISCHE e. V. (IRG)
Präsident: Harro Hieronimus, Postfach/P.O. Box 170209, 42624 Solingen